U0154508

# 喚醒沉睡的巨人
## 教師領導故事集

張德銳　高敏麗　主編

張德銳　高敏麗　張素偵
胡慧宜　李建民　高紅瑛
徐麗慧　蔡宜宏　著

五南圖書出版公司 印行

# 推薦序

　　本局自2001年擇定臺北市立師範學院（現為臺北市立教育大學）附設實驗小學進行第一年試辦教學輔導教師制度工作以來，至今申請辦理之中小學逾百所，教師間之薪火相傳、專業發展、同儕輔導關係也彌足珍貴。

　　「教師領導」之推動刻不容緩，臺北市政府教育局爰持續不斷鼓勵學校教師，透過教學輔導教師之機制，發揮教師領導之功能。個人相信，教師是教育實施及改革的關鍵人物，而要讓教師參與教育改革的最佳途徑之一，便是讓教師承擔起領導者的角色任務。

　　本專輯從辦理教學輔導教師制度的學校中遴選出12位優秀的教師領導者，分享其透過正式職位或非正式關係，影響與領導教師同儕一起改進教育實務，進而提升學生學習的歷程，包括教師領導者的發掘、培訓與發展、實務運作、成效與困境、影響因素等幾個層面。

　　本專輯的完成要感謝本局職教科同仁的行政服務以及臺北市立教育大學的研究團隊，不辭辛勞地進行訪談、整理與付梓，提供國內有志推動教學輔導教師制度與教師領導者之參

考，同時也能裨益於學校教育革新的運作，有所啟迪，特為之
序。

臺北市政府教育局局長

丁亞雯 謹識

2012年1月31日

# 主編序

在歐美先進國家，「教學輔導教師」已是一個被普遍推展的實務制度。多項有關教學輔導教師制度的研究指出，該制度可以改善教師專業孤立情形、促進集體合作。教師也因此得以獲得友伴關係與肯定、接觸各種教學模式、調整自我教學及從事教學思考等。

本人自接觸教學輔導教師制度以來，除鼓勵教學輔導教師與夥伴教師進行一對一的個別輔導以及團體輔導外，亦倡導、鼓勵教學輔導教師承擔學年主任、學習領域召集人、專業學習社群領頭羊等角色。除了在學校的層面之外，吾人亦鼓勵教學輔導教師走出學校，發揮更大的教師領導影響力。因此，自2010年8月開始便組成一個研究團隊，編著《臺北市中小學教師領導故事集》此一專輯，其目的除保存並彰顯教學輔導教師制度的智慧結晶之外，並作為有心推動教師領導者之參考。本書實際訪問與整理工作是由高敏麗老師、高紅瑛老師、李建民老師、徐麗慧老師、胡慧宜校長、張素偵助理教授、蔡宜宏先生等共同協力完成，內容係敦請各辦理教學輔導教師制度的學校推薦教師領導者接受訪問後，撰稿彙集成冊。

本書之所以能夠順利完成，除了感謝臺北市政府教育局丁亞雯局長、曾燦金副局長、馮清皇副局長、楊淑妃科長，以及許多教育局同仁的專業行政領導與對於教學輔導教師制度不遺餘力的支持之外，更感謝團隊研究人員以及受訪教師，以無私的付出、樂於奉獻的態度，費心費力完成此一有意義的工作。在此深表無限的感恩和感佩。

輔仁大學師資培育中心教授

張德銳 謹識

2012年3月1日

# 教師領導在教學輔導教師制度中的發展與實踐

【撰稿：張德銳】

## 壹、前言

　　教師是教育發展的關鍵人物；沒有教師的參與、支持與投入，教育發展是不可能成功的。國內外許多知名的學者（如陳佩英，2008；張德銳，2010；Barth, 1988；Fullan & Hargreaves, 1996；Sergiovanni, 2002）分別從教師發展、學校變革、課程改革、學校文化、教育領導等角度，論述教師領導的重要性及開拓教師領導的研究範圍。教師領導已成當代學校革新與領導理論和實務的主要發展趨勢之一。

　　教師領導者擁有巨大的改革能量，很可惜在國內幾波的教育改革浪潮中，都沒有被充分的發掘和運用，這可以說是一個亟待喚醒的沉睡巨人。例如，國內自1994年「四一○」教改訴求、1996年行政院教育改革審議委員會完成教育改革總諮議報告書、1999年公布教育基本法以及修訂國民教育法、2000年正式頒布「國民中小學九年一貫課程暫行綱要」等，並沒有獲得基層教師普遍的支持與回響。

　　誠如Katzenmeyer和Moller（2009）在其著作《喚醒沉睡的巨人——協助教師發展成為領導者》（*Awakening the sleeping giant: Helping teachers develop as leaders*）一書中所揭櫫的：

在每一所學校裡，都有一群可以成為教師領導者的沉睡
巨人，而這群人可以發展成為，為提升學生學習而推動
改革的有力觸媒。如果能夠善用這些學校變革代理人的
巨大能量，我們的公共教育將能確保每一位學童都能在
每一位高品質教師的教導下，充分達成教育的理想。
（p. 2）

本文作者在推動我國中小學教學輔導教師制度中，確實發現有一大群教師們具有變革的能量，若能鼓勵他們走出教室，去成就別人也成就自己，則我國學校教育的正向發展將指日可待。「沉睡中的巨人」，的確能真實地比喻我國中小學教師領導的情況。

有鑑於此，本文擬先以文獻探討的方式，先說明教師領導的意義、效益與限制，然後再從實務推動的角度，分析我國中小學教師領導者可以如何被發掘和培訓、以及學校可以如何有效運作教師領導工作，最後則介紹臺北市中小學12位接受訪談的教學輔導教師在教師領導工作上的實況，作為本專輯的導讀。

## ♡貳、教師領導的概念說明

過去，教師坐擁班級王國，常被批評是單打獨鬥的教學者；然而在教育環境日益複雜化、多元化的今天，教師被期許能走出教室和同事合作，學習擔任領導者與被領導者，協力推動校務，提升教育品質。以下茲先闡述教師領導的意義，而後說明其相關的理論，期能對於教師領導先有概括性的掌握與瞭解。

## 一、教師領導的意義

教師領導（teacher leadership）迄今仍未有明確、一致性的定義，造成教育圈外的人士，甚至教育學者專家，也未能充分掌握教師領導的概念（郭騰展，2007：157）。學界在教師領導定義的唯一共識係超越教師所屬教室所發揮的能力及承諾（Beachum & Dentith, 2004; Fullan & Hargreaves, 1996）。

Leithwood和Jantzi（2000）將教師領導視為影響力的運用，透過集體領導的形式，教師以合作的方式發展其專門的技能。

Patterson和Patterson（2004）認為教師領導係教師同儕之合作，其目的在改善教與學，不論領導者是否具備正式或非正式職位。

York-Barr和Duke（2004）指出教師領導係教師個別或集體影響其同事、校長，以及其他學校成員，致力於改善教和學，其目標則在提升學生學習表現及成就。

Katzenmeyer和Moller（2009）則主張教師領導者在教室內和超越教室之外進行領導。他們認同教師係學習者、領導者的社群並對其有貢獻，影響其他教師一同改進教育實務，同時接受達成領導結果的責任。

蔡進雄（2005）認為教師領導即教師對學生、學校行政人員、同儕、家長及社區等產生積極正面影響力的歷程。

陳玉桂（2006）主張教師領導係教師依其正式職位或以非正式的方式發揮其知識、技能的影響力，促進他人的改善與成長，包括學生的學習、教師同仁的專業成長，以及學校、教育的改善。

林欣儀（2009）將教師領導定義為教師以正式職位或非正

式的方式，發揮影響力，改善學生的學習與成就，促進學校同儕專業成長與學校效能的進步。

本文作者總結上述定義，將教師領導定義為「教師依其正式職位或以非正式的方式，在教室內，特別是超越教室之外，貢獻於既是學習者也是領導者的社群，影響他人一同改進教育實務，進而提升學生學習的歷程」。

上述定義有下列五個要點：第一，教師領導是教師發揮影響力的歷程。第二，教師領導可以發生在正式職位上，更可以發生在非正式職位上。第三，教師領導可以發生在教師所屬的教室內，但更被期待能走出教室發揮正向的影響力。第四，教師領導的較佳管道係在「學習者和領導者的社群」（a community of learners and leaders）。第五，教師領導並不是為了領導而領導的，而是要負有績效責任的──改善教育實務，進而提升學生學習的成效。

## 二、教師領導的效益與限制

Katzenmeyer和Moller（2009）從四個觀點來論述教師領導的合理性和必要性：(1)教師領導可以建立組織學習的能量，形塑學習型學校；(2)以教師同儕相互領導，建立學校為一個民主社會的模範；(3)教師領導可以彰權益能教師（empowering teacher），擴大權力基礎，發揮權力分享的效益；(4)鼓勵教師摒除專業孤立，強化教師專業主義。

Katzenmeyer和Moller（2009）進一步歸納多年的實證研究與實務推廣經驗，指出教師領導具有下列八個效益：

1. 提升專業效能感：當教師視自己為領導者時，他會相信自己有潛能運用自己的行動，影響學生的學習。

2. **留住卓越教師**：若有機會藉由和同事的合作與互動，卓越的教師會較滿意教學環境，因而繼續留在專業的工作崗位上。

3. **強化生涯發展**：教師領導提供另一個有別於傳統上必經承擔行政工作才算晉升之生涯發展機會。

4. **改善自我表現**：為了幫助同儕專業成長，教師領導者勢必要先強化自己的教學技巧，可以發揮「從教中學」（learning by teaching）的功能。

5. **影響其他教師**：教師領導提供領導者絕佳的機會輔導新進教師、幫助教師同儕發展能力，以及協助提升教室實務等助人的專業工作。

6. **增強教師績效責任**：經由更多的教師參與決定，會讓教師更願意負起績效責任。

7. **克服對革新的抵抗**：經由教師領導者參與和領導變革，較能有效影響教師同仁，亦能檢視和接受新的教學實務。

8. **維持變革的持續力**：經由教師領導實務，一群居關鍵多數的領導者將會成為學校變革的中流砥柱，而不至於會發生校長離任後人亡政息的困境。

惟教師領導本質上「由下而上」（bottom up）的教育改革，較缺乏「由上而下」（top down）的改革效率和全面普及性。因此，它的成效可能較無法立竿見影，可能需要緩慢漸進累積的歷程，才能普及至各個學校，因此特別需要改革者的耐心等待。

另外，教師領導的實施往往受限於學校組織的科層體制（Darling-Hammond, 1988）、個人主義且保守封閉的學校文

化（Lortie, 1975; Smylie & Hart, 1999）、校長權威獨斷的領導方式（Murphy, 2005）、教師同仁的抗拒（Hart, 1994）、教師時間有限且教學負擔沉重（LeBlanc & Shelton, 1997）、激勵與誘因不足，以致教師不願意擔任領導者（York-Barr & Duke, 2004）、人力及物力支援不足（Little, 1987），以及教師領導者培育訓練發展不足（Katzenmeyer & Moller, 2009）等重重問題與挑戰。

### 三、教師領導的相關理論

教師領導概念的興起和許多新興領導理論的發展有關。林欣儀（2009）認為分布領導（distributed leadership）的概念是領導、權力和責任分布在組織的許多部門，而不是只有在最上層的校長或主管人員。Barth（2001）亦相信所有教師都具備領導的潛能，而學校領導宜將領導重心由單一校長轉移到學校中為數眾多的教師身上。

Crowther、Kaagan、Ferguson和Hann（2002）提出平行領導（parallel leadership）的概念，指出領導是一種歷程，讓教師領導者與校長共同合作以改革學校，並且讓個人的想法能被互相尊重與容忍，也讓校長與教師在領導作為上有所分工：教師對領導教與學的改進負有責任；校長則負責學校的政策與策略性的行動。

Lambert等人（1995）提出建構領導（constructivitist leadership）的概念，將教師領導定位成學校內所有參與者一起交換意見，共同建構意義的領導；領導不再指涉校長個人，而是具備集體文化建構的意涵。有效的領導強調合作、彼此互惠的關係，以及權力屬於所有的參與者，包括學校的主要參與

者——教師。

Somech（2005）認為參與式領導（participative leadership）強調團體中參與決策的歷程可增加決策品質、對教師工作品質有貢獻，以及增進教師工作動機與滿足感。蔡進雄（2005）則認為教師彰權益能（teacher empowerment）係學校領導者賦予教師權力，同時也開展教師潛能之歷程，有利於教師領導的發展。

## ♡ 參、教師領導在我國中小學的發展

以上論述完教師領導的意義和合理性，現擬就教師領導在國內中小學的脈絡，以及如何從教師領導者的發掘、培訓、實務運作等多個角度，說明國內中小學發展教師領導的理想之道。

### 一、教師領導在國內中小學的背景脈絡

蔡進雄（2004）指出過去國內學校行政部門掌握學校絕大多數的決定權，但由於臺灣社會環境的變遷，以及校園的民主化，教師、學校行政和家長儼然成為學校權力結構的鐵三角，尤其相關教育法令公布後，教師諸多的權力已取得法源。例如，「教育基本法」第八條規定教師專業自主權應予尊重；第十五條規定其自主權如受學校或主管教育行政機關侵害時應有有效及公平的救濟管道。「教師法」第十六條規定教師除了擁有教師專業自主權外，對於學校還有提供興革意見之權，對於損害教師權益之措施，亦可依法提出申訴。可見，在相關法令的提供及保障下，使得教師領導在學校是有更多發揮的空間。

莊勝利（2005）亦從學校權力結構的角度論述教師領導

的有利條件。他認為國內自從1990年代的教育改革以來，學校權力已行重分配，教師除了參與校務會議外，教評會由教師組成，對新進教師的聘任、不適任教師的處理有決定權，學校教師會亦有權參與學校重大的決策，包括校長的遴選等。至於其他學校重要的委員會及會議，如教學研究會、行政會報、導師會議、學生獎懲委員會等，也必須由教師代表參與決定。

陳佩英（2008）則指出行政院教育改革審議委員會所提出的「教育鬆綁」、「權力下放」成為國內教改原則，「師資培育法」、「教師法」的修訂、九年一貫課程改革、家長參與、學校本位管理等，亦改變了學校的教育環境，由上而下的集中控制管理改為分散與培力的發展模式，學校領導和教師角色期待變得模糊、多元和複雜，帶給臺灣在地脈絡下教師領導的迫切性。

然而，教師領導的理想與現實之間存有相當大的差距，教師領導的潛在能量並沒有被適當的引領和發揮。蔡進雄（2007）曾在「國民中學教師教學領導之建構與發展——以學習領域召集人為例」之研究中，發現有近七成（69.7%）的受試者認為學習領域召集人「沒有必要」進行教學領導，而反應「沒有必要」進行教學領導的原因大致可歸納為「教師專業自主性高」、「召集人每年輪流擔任」、「召集人時間不夠及知能不足」等原因。從蔡氏的研究中，可推論我國中小學教師仍有相當多數誤認為領導只是校長或主任的事，而教師是同事，沒有必要進行與接受所謂的教學領導。夏林清（1999）以帶領教師成長團體的經驗，發現教師具有思維僵化、行動保守與服從權威的習性。這種安逸、保守、服從權威的教師文化並不利於同儕教學領導的開創。

## 二、中小學教師領導的內涵

考諸國內的教育發展脈絡，吾人對於國內中小學教師領導的發展仍有樂觀的期待。國內教師領導的內涵可以從以下四方面加以列舉並說明如下：

### （一）班級及學生層面

教師領導的最小影響單位便是教師自己班上的學生，國內諸多研究指出教師的領導風格會影響班級氣氛及學生成就（陳木金，1997；陳志勇，2002）。教師作為教室內的領導者，除了扮演「教學者」、「輔導者」，國內近來愈來愈重視「研究者」的角色，亦即教師被期待能從事與自己專業工作有關的行動研究工作。

### （二）同事層面

教師在同儕之間最常扮演專業發展促進者的角色，例如，資深優良教師隨時隨地對同事提供諮詢，擔任帶領實習教師的實習輔導教師，帶領新進教師及教學困難教師的教學輔導教師，帶領學校各種成長團體、讀書會等專業學習社群的召集人。各級學校為了進行教學領導而設立的學年主任和學習領域召集人，以及為了協助學校教師進行研究工作，臺灣地區各實驗小學多設有研究教師。以上皆是由教師來帶領教師，可以發揮同儕輔導（peer coaching）或同儕領導的實例。

### （三）學校層面

教師是學校組織的重要成員，自然有權利與義務要參與校務的發展和決定。教師可參與的會議有校務會議、行政會報、導師會議、教師評審委員會、課程發展委員會、學生獎懲委員會、校長遴選委員會等。當然，教師亦可經由教師團體影響校內的決策。此外，近年來教育部為推展專業發展評鑑，在學校

及縣市及中央層級皆設有推動小組，而臺北市參與教學輔導教師制度的學校亦多設有教學輔導教師召集人。

## （四）校外層面

除了在學校的層面之外，吾人亦鼓勵教師走出學校，發揮更大的教育影響力。例如，各縣市及全國皆設有教師的專業組織或者學術團體，必須要仰賴優秀教師的參與，才能對教育有更正向、更全面的影響。另外，各縣市國民教育輔導團及中央課程與教學輔導諮詢教師團隊皆設有專任或兼任課程與教學輔導教師，亦值得優秀教師參與。當然，有許多傑出的教師正在參與地方性及全國性教科書或輔助教材的研發工作，這亦是值得肯定的事。

## 三、中小學教師領導者的發掘

為了有效建構及發展我國中小學的教師領導工作，吾人有必要就教師領導者的發掘、培訓、運作實務等做有系統的說明。首先是教師領導者的發掘，這是學校行政人員與教師的共同責任。對於具有正式職位的教師領導者，如領域召集人或教學輔導教師，宜由具有能力或潛能的教師擔任之，而不宜輪流擔任、一年一任，才能一方面使得學校能有效提升教學領導的品質，另方面也使得教師能人盡其才，充分自我實現。Moir和Bloom（2003）便指出美國加州「聖塔克魯茲新教師輔導方案」（Santa Cruz New Teacher Project）之所以成功，其關鍵便是教學輔導教師的嚴格遴選及培訓發展。

學校行政人員及教師同仁在遴選具有潛力的教師領導者時，Katzenmeyer和Moller（2009）提供下列三個規準：(1)是能幹的（competent），(2)是可信賴的（credible），(3)是平易

近人的（approachable）。也就是說，教師領導者的先決條件是必須在教學及班級經營上是有效能的教師，然後經由與同仁的互動，才能獲得同仁的信服。其次，由於教師領導必須經常和同事互動與合作，因此他必須具有平易近人的人格特質。

四、中小學教師領導者的培訓與發展

　　一位教學卓越的好老師，並不一定是一位成功的教師領導者。一旦教師被遴選為教師領導者，這時學校便有義務提供教師領導的訓練。當然，如果教師有意願成為教師領導者，也可以主動地尋求教師領導的培訓機會。Murphy（2005）和Smyser（1995）皆指出教師領導者常需承擔教師領導的複雜任務，卻缺乏教師領導的知能或技巧，而缺乏職前培訓，以及培訓後的持續發展，這的確是教師領導推動的困境之一。

　　為了有效培訓及發展教師領導者，Katzenmeyer和Moller（2009）提出「教師領導發展模式」（Leadership Development for Teacher，簡稱LDT），如圖1，頗值得參酌。

**圖1　教師領導發展模式**
資料來源：Katzenmeyer & Moller, 2009, p. 58

　　根據圖1所示，Katzenmeyer和Moller（2009）指出教師領導的培訓和發展工作，必須先從評估自己開始，進而掌握學校變革的脈絡，然後精熟影響策略，才能採取有效的行動計畫。教師領導者在個人評估方面，必須學習瞭解自己以及尊重校內同仁在下列情況的異同：(1)專業教學技巧，(2)教育哲學，(3)不同世代間的需求，(4)工作觀點，(5)與他人的互動風格，(6)成人發展階段，(7)個人家庭及校外生活狀況。

　　在改變學校方面，教師領導者必須學習掌握：(1)學校文化的面向，(2)在學校中與成人的關係，(3)學校的組織結構。在影響策略方面，至少需學習：(1)傾聽技巧，(2)團體工作技巧，(3)協商技巧。在行動計畫方面，教師領導者必須知道如何善用下述行動研究的歷程：(1)蒐集問題有關的資訊，(2)評估解決問題的可能性，(3)指出欲達成的理想狀況，(4)蒐集現有可能的解決策略，(5)研究最佳解決策略，(6)選擇策略和採取行動（Katzenmeyer & Moller, 2009）。

　　以上係教師領導的一般性、通用性知能，學校或教育行政機關在進行教師領導的培訓和發展時，還必須根據教師領導職位的特殊需求，提供更特定的培訓和發展課程。例如，作為教學輔導教師（mentor teacher）除了強調與夥伴合作信任關係之建立外，更要知道如何輔導初任教師、如何診斷與輔導教學困難教師的教學困境，以及如何進行同儕輔導，發展專業學習社群。當然，學校或教育行政機關在決定培訓內容及方式時，務必邀請受培訓的教師領導者參與決定。

　　在三至五天或兩週不等的教師領導職前培訓課程中，研習講述的內容不宜過多，而要多強調如何實務操作以及如何在實踐中批判思考。學習不宜只是知識和技巧的傳遞，而是要讓

學員學會如何在領導情境中應用、分析、解決問題、批判省思。在培訓後，要先賦予教師領導者較簡單的領導任務，隨之加深加廣，增加任務的複雜性及挑戰性。其次，在實踐所學的過程中，最好給予一位可以隨時觀摩、請教、解決疑難的師傅（mentor，例如校長或教務主任）。為保留、強化培訓的效果，教師領導者在「做中學、行中思」一段時間後，宜實施回流教育。

## 五、中小學教師領導的實務運作

在完成教師領導培訓後，必須分派適合的領導工作。在正式工作前，教師領導若有實習以及接受實習輔導的機會，則更可以確保教師領導者習得應有的工作經驗與能力。

在教師領導者進行領導工作時，可採行動研究的方式或精神，解決領導問題和增進專業能力。依據行動研究先驅K. Lewin所言，行動研究每一個迴圈都包含計畫、行動、觀察和反省等步驟所組成，每一個迴圈會導致另一個迴圈的進行，建構成一個連續不斷的歷程（如圖2所示）（呂俊甫，1993；吳明隆，2001；陳惠邦，1998；蔡清田，2000）。

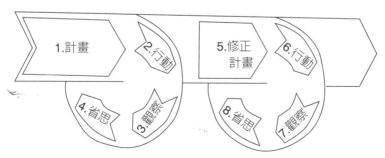

圖2　行動研究歷程

資料來源：Caro-Bruce, 2000, p. 40

在計畫（planning）方面，教師領導者必須先釐清領導問題內涵，要考慮問題是否具有價值、是否是自己可以掌握的。其次，依據前述分析，訂定適當的行動時程，並擬定適當的行動策略，決定解決問題的途徑與方法。在行動（execution）時，教師領導者可以依據實際需求進行修改調整，並將過程作適當的記錄，直到最符合領導情境為止。在觀察（fact finding）時，教師領導者一方面需確認執行成效，作為下一步驟的依據；另一方面也可以提供他人參考，提高行動研究的價值。最後，在整個行動過程完成之後，教師領導者有必要對整個歷程加以省思（reflecting），並提出未來另一個待解決的領導問題與策略。

## ♡肆、教師領導在教學輔導教師制度中的實踐實例

臺北市中小學教學輔導教師制度，不僅賦予教學輔導教師個別的協助、支持初任教師、新進教師、教學困難教師，近幾年倡導經由同儕輔導的團體歷程，帶領或召集同學年、同學科領域教師，或者跨學年、學科領域的教師，依據教師的需求，成立各式各樣的專業學習社群。除了在學校的層面之外，本文作者亦鼓勵教學輔導教師走出學校，秉持人生以服務為目的之情懷，發揮更大的教師領導影響力。因此，自2010年8月開始便組成一個研究團隊，編著本專輯，其目的除保存並彰顯教學輔導教師制度的智慧結晶之外，並作為有心推動教師領導者之參考。這些教師領導的實踐實例，係本故事集的主體，茲就這12個故事，簡要介紹如后，其中葫蘆國小劉玉慧老師、弘道國中林鴻儒老師，以及士林高商秦玲美老師的三個實踐故事業

已另外製作成影音光碟，並附於書後。唯因本光碟係以極少的經費預算製作組成，是故其品質難以和市面上的專業錄影相比擬。有興趣的讀者可以觀賞並提供指正意見。

## 一、葫蘆國小劉玉慧老師

目前擔任葫蘆國小低年級級任、同時也是數學領域召集人的劉玉慧老師，和同學年老師共同依學生經驗將繪本故事融入數學課程，提升學生的學習興趣，並且帶領數學領域的老師一起編寫學校特色課程。由於課程生動有趣又落實推動，讓學生的學習成效大為提升。玉慧老師就像校園裡的一顆星星，在教室裡，她愛學生像自己的小孩，成為孩子的守護神；走出教室外，她是有效帶領新手教師的教學輔導教師，並且和同事在專業學習社群裡，運用「溝通的加法」發揮教師領導潛力，與同事攜手走向專業。她將學校發展的願景，轉換為個別教室的實踐，使得葫蘆國小往優質教學邁進，在看似平凡中，達成教師領導者的不平凡任務。

## 二、文化國小王金燕老師

兩屆教學輔導教師召集人、教師會會長、輔導組長、資料組長等資歷，讓金燕老師那思考周延、熱心助人的本質展露無疑。她的身邊，總是不乏前來尋求諮詢請議的老師；她的桌上，往往貼滿了密密麻麻要給老師與學生的便條紙。當她將每件棘手的事情畫下完美的句點，回到班上擔任導師時，她是位讓孩子安心、讓家長放心的良師，並隨時準備伸出手，提攜需要幫助的後進。正因為如此，讓金燕老師的愛在學校每位同仁的心中、在每位家長與孩子的感謝裡，傳頌不已。

### 三、國語實小李玉貴老師

人類勝於動物之處之一，便在於擁有複雜的思考能力與利用語文表達思想，所以，語文學習對學生來說顯得特別重要。國語實小的李玉貴老師認為有效的語文教學，不但能幫助學生增進溝通，更是接受人文思想薰陶、充實生命內涵的捷徑。玉貴老師不但是一位具有反思能力與創新教學意願的老師，更曾積極進行同儕輔導，擔任語文領域召集人，研創新的語文教學策略，帶領閱讀工作坊，進而帶動同儕一起專業成長。她以領域專業帶領老師們，讀寫教學的分享，跨越海峽兩岸。自從2007年玉貴老師接受教育部邀請，受聘為中央語文教學輔導團的團員，她跑遍臺灣各縣市的小學，以「現身說法」的方式，當場教給老師們看，而後要求研習老師回到現場「試教」並分享經驗，幫助各縣市老師改進語文教學，有效提升學生的學習興趣。

### 四、光復國小鄒玉秀老師

畢業於臺北女師專（臺北市立教育大學前身），2009年榮獲臺北市特殊優良教師，和臺北市第39屆中小學科學展覽會優良指導教師銅質獎的鄒玉秀老師，持續在光復國小服務了三十二年，曾擔任過五年的普通班級任和二十七年的資優班老師，認為身為教師是一件既榮耀又備受恩寵的工作。玉秀老師從樂於個人分享進而帶領社群互動，她覺得利用社群的分享活動，更能幫助同事，所以她除了努力當一位好老師之外，十年前即開始嘗試帶領一個以生命教育為主的工作坊，更積極參加了學校的教學輔導教師社群，以及帶領綜合領域的老師一起專業成長。

## 五、富安國小蔡富美老師

位於淡水河與基隆河交會處的富安國小，雖然地處臺北市邊陲，弱勢學生將近40%，但在吳校長勝學與老師們的努力耕耘下，學校不僅重視鄉土與國際觀之教育，對弱勢孩子的扶助更是不遺餘力。近幾年來，富安國小不但教師參加教師專業發展評鑑的比率達到100%，2000年更獲得臺北市教師行動研究比賽團體組第三名。「富安起飛了！」是近年來老師們最大的感受，而領導這群教師追逐教育夢想的重要推手，正是富美主任。

從98學年度開始，在校長的支持下，富美主任規劃結合已完成受訓的八位教學導師，負責擔任領頭羊，並分成四組，協助規劃、帶領全校教師進行專業學習社群式的成長研習。在蔡主任的規劃下，學校教師從一對一的教學夥伴關係，逐漸融入到一對多的專業學習社群組織，並透過多對多的幾個教學輔導教師與夥伴教師，共同辦理學校的教師專業發展評鑑。富安國小的教專三合一本位模式儼然成形，成為臺北市各級學校推動精進教學、教師專業成長的參考模式之一。

## 六、弘道國中林鴻儒老師

弘道國中林鴻儒老師從夥伴教師到教學輔導教師，一路走來，扮演過許多不同的教師領導角色：從2000年初任教師擔任學務處的副組長、2003年擔任藝術與人文領域召集人、2007到2008年擔任學校的教師會長。鴻儒老師認為2008年接受教學輔導教師的培訓，是一個讓他重新找回教學熱情的課程。在整個過程中，教授講的，其實不過是帶領大家從「心」去思考：我們為什麼要當老師？為什麼要帶領夥伴教師攜手走向專業？目

前擔任教學組長的鴻儒老師，能以其教學組的戰略地位以及過往諸多教師領導的經驗，統整推動各領域的教學活動，並整合教學輔導團隊、教師專業發展評鑑與教師專業學習社群，規劃足以滿足多數老師需求的教師成長活動。

## 七、麗山國中歐陽秀幸老師

1979年8月設校，歷史悠久的麗山國中，不僅傳承了優質的學校文化與良好學風，亦能保有新設學校般的健康活力與陽光朝氣。優異的辦學成效以及優秀的體育與藝文團隊，獲得社區家長一致好評。2009年更贏得臺北市優質學校「學校文化」及「教師專業發展」兩項殊榮，同年並通過臺北市「教育111標竿學校」的認證。這一切皆因麗山有一群積極進取的教師專業團隊在默默地運作著，而背後最重要的靈魂人物便是現任教務主任歐陽秀幸老師。

## 八、萬華國中藍淑珠老師

如一串散落於臺灣海峽東南方翡翠珍珠的澎湖，是淑珠老師的出生地。淑珠老師在高雄市完成國小、國中和高中教育，然而她的「教師之路」並不是順遂的直線，而是一條蜿蜒曲折的實踐之路。大學畢業後，淑珠老師陸續在中和自強國小、臺北市立教育大學附小、鶯歌國中、陽明教養院擔任代課老師。擔任正式教師之後，在繁忙的教學工作之餘，淑珠老師亦積極進修，取得臺灣師範大學國文學系教學碩士的學位。同時還不忘寫作，她依循教學現場學生的反應，評估國中生語文學習的需求，與教授、同好共同討論、研究，參與了多本作文教學的著作撰寫。更難能可貴的是，除了個人語文修養的展現，她

還陸陸續續帶領夥伴教師、同領域教師或教師專業學習社群成員，進行各項行動研究和創新教學活動，獲獎無數。

## 九、士林高商秦玲美老師

士林高商是全國規模最大的商業職業學校，以培養勤學好學、能負責、有擔當，以及願意為別人服務的「士商人」為學校辦學目標，培育了無數商業基礎人才，成為國家經濟發展的生力軍。

身為士商校友的秦玲美老師，自1993年8月到校服務迄今，對士商有著濃厚感情。近年來，士商申請辦理「教學輔導教師設置方案」，推動「教學檔案製作」、「教師行動研究」，輔導實習教師、關懷新任教師、教師生命成長工作坊及讀書會辦理等等，都有玲美老師耕耘的足跡；她也讓資深教師的教學表現有被肯定的機會，教學經驗開展出傳承的管道。在士商，愛心如接力賽，棒棒不落空，以善引善，校園更溫馨和諧。

## 十、成功高中杜雲華老師

雲華老師的父親生前即是一位國中美術老師，在耳濡目染之下，「教書」成為一家人的志業。現家中六位成員均擔任教職。「傳道、授業、解惑」是雲華老師的教育信念，並且以此為終生的職志。

雲華老師自1991年介聘至成功高中擔任數學科教師兼任導師至今連續二十年，榮獲12屆績優導師，參與教育部主辦「教學卓越」榮獲「金質獎」，擔任教學輔導教師，創新研發數學科新版補充教材，推動數學資優培訓計畫，協辦「英雄榜」數

學競賽，指導學生獲得國際奧林匹亞資訊比賽銀牌獎。雲華老師雖未兼任行政職務，卻持續帶領教師團隊締造出許多佳績。儘管他一直強調所有的成果都是團隊合作的結果，但仍隱藏不住在其領導下所產生的深遠影響。

## 十一、景美女中陳嘉英老師

　　1962年由鄧玉祥校長創校的景美女中，現有67班，設有數理資優班、語文資優班及美術資優班。陳嘉英老師目前擔任景美女中語文資優班教師及召集人，兼任臺北市國文科輔導網教師，亦為教育部國語推行委員會華語組委員、教育部國文學科中心召集人、種子教師培訓教師。對於國文教學教材教法、閱讀教學、寫作教學、課程設計都有深入的研究。跨出國文專業領域，她還是文山貓空解說員。多年的教學生涯並沒有消磨嘉英老師的熱忱，她持續研究、發表，不斷的自我精進，樂於與校內外同仁傳承及分享。

## 十二、育成高中張洸源老師

　　正向樂觀、細膩用心的張洸源主任，先後擔任過育成高中的教學組長、圖書館主任，以及五年的教務主任。他以貼近師生的心，凝聚出超級棒的教師團隊，教師們教學認真且態度親切，經常嘗試將課本上的知識轉化成為多元、活潑的創意教學，期待讓青春學子們在快樂的情境中體會學習的樂趣。學校裡的同事們亦認為洸源主任除了親和、年輕、有活力、有理想之外，也感受得到洸源主任在很多地方會堅持自己的目標，只是姿態很柔軟，會用許多的方法將教師帶進來參與運作。

# ♡伍、結語

以上12位教師領導者的故事，見證了Barth（1998）所提出學校是領導者社群（community of leaders）的前瞻概念。這種主張所有的教師都具有領導能力的概念，不但符應教師彰權益能的概念，也大大解放了學校領導的能量，實在有利於學校的改革和教師的士氣。

從這12位教學輔導教師的實例中，我們可以發現教師領導在我國中小學的意義和價值。展望未來，我們期待教師們能體認教師領導是神聖難以放棄的公民權利及責任，與廣大的教師同仁共同手牽手加入領導者和學習者的社群。為了共同推展校務，促進學校革新，學校行政人員有必要倡導及提供教師領導資源並協助教師領導者克服困境。教育行政人員應該積極訂定有利教師領導的政策，並在經費預算、督導考核上全力協助各校推動教師領導實務。對於師資培育機構而言，也可以運用大學與中小學夥伴協作的方式，協助中小學有效推動教師領導工作。

教師領導的潛能無窮，但是教師領導的實務推廣與運用，在我國中小學仍有非常長遠的路要走，可以說是亟待喚醒的沉睡巨人。期勉教育界的工作夥伴們，一同為中小學優質的教與學而努力，並向教師專業化的目標勇往邁進。

（本文原發表於「臺北市立教育大學學報」第41卷第2期，並經部分篇幅增添修改，經諮詢該學報發行單位——臺北市立教育大學研究發展處學術出版組，被告知原作者有權自行編修後刊載於本書，茲對原發行單位敬表謝忱。）

# 參考文獻

吳明隆（2001）。教育行動研究。公教資訊季刊，4(3)，25-42。

呂俊甫（1993）。源自美國的「行動研究法」。美國月刊，8(2)，124-128。

林欣儀（2009）。臺中市國民小學教師領導之研究。國立臺中教育大學教育研究所碩士論文，未出版，臺中市。

夏林清（1999）。制度變革中教育實驗的空間：一個行動研究的實例與概念。應用心理研究，1，33-68。

陳木金（1997）。國民小學教師領導技巧、班級經營策略與教學效能關係之研究。政治大學教育研究所博士論文，未出版，臺北市。

陳玉桂（2006）。學校革新中不可忽視的面向：談教師領導。學校行政雙月刊，45，26-46。

陳志勇（2002）。屏東縣國小教師領導風格與班級經營效能關係之研究。屏東師範學院國民教育研究所碩士論文，未出版，屏東市。

陳佩英（2008）。教師領導之興起與發展。教育研究月刊，171，41-57

陳惠邦（1998）。教育行動研究。臺北市：師大書苑。

張德銳（2010）。喚醒沉睡的巨人──論教師領導在我國中小學的發展。臺北市立教育大學學報，41(2)，81-110。

莊勝利（2005）。我國中小學校領導的新思維──教師領導。學校行政雙月刊，40，17-29。

郭騰展（2007）。學校領導的新典範──教師領導。學校行

政，**49**，150-175。

蔡清田（2000）。教育行動研究。臺北市：五南。

蔡進雄（2004）。論教師領導的趨勢與發展。**教育資料與研究，59**，92-98。

蔡進雄（2005）。中小學教師領導理論之探究，**教育研究月刊，139**，92-101。

蔡進雄（2007）。國民中學教師教學領導之建構與發展──以學習領域召集人為例，**學校行政雙月刊，52**，20-43。

Barth, R. S. (1988). School: A community of leaders. In A Lieberman (Ed.), *Building a professional culture in schools* (pp. 128-147). New York: Teachers College Press.

Barth, R. S. (2001). Teacher leader. *Phi Delta Kappan, 82*(6), 443-449.

Beachum, F., & Dentith, A. M. (2004). Teacher leaders creating cultures of school renewal and transformation. *The Educational Forum, 68* (3), 276-286.

Caro-Bruce, C. (2000). *Action research: Facilitator's handbook.* National Staff Development Council.

Crowther, F., Kaagan, S.S., Ferguson, M., & Hann, L. (2002). *Developing teacher leaders: How teacher leadership enhances school success.* Newbury Park, CA: Corwin Press.

Darling-Hammond, L. (1988). Policy and professionalism, In A. Lieberman (Ed.), *Building a professional culture in schools* (pp. 55-77). New York: Teachers College Press.

Fullan, M., & Hargreaves, A. (1996). *What's worth fighting for in your school.* New York: Teachers College Press.

Hart, A. W. (1994, November). Creating teacher leadership roles.

Educational Administration Quarterly, 30(4), 472-497.

Katzenmeyer, M., & G. Moller (2009). Awakening the sleeping giant: Helping teachers develop as leaders (3rd ed). Newbury Park, CA: Corwin Press.

Lambert, L., Walker, D., Zimmerman, D., Cooper, J., Lambert, M., Gardner, M., & Slack, P. J. F. (1995). The constructivist leader. New York: Teachers College Press.

LeBlanc, P. R., & Shelton, M. M. (1997, Fall). Teacher leadership: The needs of teachers. Action in Teacher Education, 19(3), 32-48.

Leithwood, K., & Jantzi, D. (2000). Principal and teacher leadership effects: A replication. School Leadership & Management, 20(4), 415-434.

Little, J. W. (1987). Teachers as colleagues. In V. Richardson-Koehler (Ed.), Educators' handbook: A Research perspective (pp. 491-518). White Plains, NY: Longman.

Lortie, D. C. (1975). Schoolteacher: A sociological study. Chicago: The. University of Chicago Press.

Moir, E., & Bloom, G. (2003). Fostering leadership through mentoring. Educational leadership, 60(8), 58-60.

Murphy, J. (2005). Connecting teacher leadership and school improvement. Thousand Oaks, CA: Corwin Press.

Patterson, J., & Patterson, J.(2004). Sharing the lead. Educational Leadership, 61(7), 74-78.

Sergiovanni, T. J. (2002). Leadership: What's in it for schools? New York: Routledge.

Smylie, M. A., & Hart, A. W. (1999). School leadership for teacher learning and change: A human and social capital development perspective. In J. Murphy & K. S. Louis, *Handbook of research on educational administration* (2nd ed., pp. 421-441). San Francisco: Jossey-Bass.

Smyser, S. O.(1995, Autumn). Developing the teacher leader. *Teacher Education, 31*(2), 130-137.

Somech, A.(2005). Directive versus participative leadership: Two complementary approaches to managing school effectiveness. *Educational Leadership Quarterly, 41*(5), 777-800.

York-Barr, J., & Duke, K.(2004). What do we know about teacher leadership? Findings from two decades of scholarship. *Review of Educational Research, 74*(3), 255-316.

# 目 次

# 【Chapter 1】

## 創新數學教材
## 共研特色課程

【訪談‧撰稿：高紅瑛】

受訪人：劉玉慧
職務：葫蘆國小級任教練／教學輔導
　　　教師／數學領域召集人
領導組織：教學輔導教師／數學領域
　　　　　社群

我希望所設計的繪本融入數學課程，能讓孩子覺得很有趣，上完每一節數學課之後，都覺得意猶未盡，期望下一節還是好玩的數學課。如果能讓孩子覺得學數學不再是一件痛苦的事，那該多好！

——葫蘆國小　劉玉慧老師

　　擔任葫蘆國小低年級級任、也是數學領域召集人的劉玉慧老師，和同學年老師共同依學生經驗將繪本故事融入數學課程，創新數學教材，提升學生的學習興趣，並且帶領數學領域的老師一起編寫學校特色課程。由於課程生動有趣又落實推動，讓學生的學習成效大為提升。

玉慧老師是孩子的守護神

## ♡落實學校願景的教室實踐者

　　臺北市葫蘆國小近年來在發展學校願景，其中之一是：要成就專業有熱忱的教師，進而培養教師具備研究能力，達成有效教學。當學校確立願景之後，玉慧老師不但配合接受教學輔導教師的培訓，而且積極帶領夥伴教師成長，一起撰寫行動研究，檢視以繪本教數學的成效。

　　學校願景之二：發展健康與品德教育，設計多樣體驗課程，推動「健康　公益　Run! Run! Run!」活動，實踐誠信、合作與關懷的品德課程。玉慧老師鼓勵學生養成運動的習慣，

鼓勵學生每天跑操場。學生每跑完一圈，家長和老師就捐一元
到「跑步基金」，一個月之後結算金額，再把總數捐給聯合勸
募或家扶中心。

　　學校希望藉著「跑步月」活動，培養學生從小熱愛體育活
動的習慣。2006年學校為兼顧普及與精英教育種子，向教育局
提出申請獲准成立體育班，更在2006至2011年連續五年都參加
臺北市中小學運動會，並獲得團體獎前五名之佳績。

帶著學生在操場上跑跑跳跳

　　學校願景之三：培養學生良好的閱讀態度與習慣，舉辦
「快樂希望Just Reading」系列活動。玉慧老師配合利用晨光
閱讀時間鼓勵學生看書、讀報、推薦好書、安排閱讀時間及提
高借閱率，她笑著說：

> 我還蒐集了許多剪報圖檔，作為有獎徵答活動資料，鼓
> 勵學生讀報，藉此提升學生的閱讀興趣。更進一步思索
> 著如何讓學生將閱讀故事書的快樂心情，帶進數學課。

在玉慧老師和全校老師們積極鼓勵孩子閱讀之下，2008、2009連續兩年獲得「閱讀團體績優學校」優等獎；2010年又再獲「閱讀團體績優學校」特優獎。

玉慧老師就像是校園裡的一顆星星，在教室裡，她愛學生像自己的小孩，成為孩子的守護神，守護孩子的成長；走出教室外，她和同事在專業社群裡，運用溝通的加法發揮教師領導潛力，與同事攜手走向專業。她將學校發展的願景，轉換為個別教室的實踐，這是作為教師領導者的重要任務。由此可見教師領導對於學校辦學成效影響至鉅。玉慧老師對於近年來的校務革新，提出以下的看法：

> 自己既然是學校的一份子，就應該和同事形成一股力量
> 來支持學校，與學校行政配合，讓校譽蒸蒸日上。

2006年，葫蘆國小選定「教師專業發展」爭取優質學校，初審通過，但複審時因為教師的專業發展產出太少，老師們的行動研究、教學觀察做得不夠徹底，於是行政安排全校老師參加「發展性教學輔導系統」的中階研習，從班群備課、寫教案，到人人入班觀察、班班教學錄影，全校通力合作一起朝教師專業發展努力。

> 對於學校積極安排老師專業發展的做法，我覺得很感動，而且與有榮焉。尤其是去教師中心接受優質學校決審時，那種代表學校出席，感到以校為榮，讓我很開心！

代表學校接受優質學校複審

　　學校再接再厲選擇爭取「學生學習」的優質學校獎項，因為學校以數學領域老師自編的特色課程，提升學生學習興趣，在各學年教學都落實推動，閱讀深耕也做得十分積極，於是一次就通過「專業發展」、「學生學習」兩個獎項。

　　學校進而於2010年乘勝追擊，繼續申請教育111，成為臺北教育111的標竿學校。緊接著2011年的校務評鑑，成果也獲得評鑑委員的讚賞。同年並再度獲得優質學校「資源統整」的榮耀。所以從開始申請優質學校四年來，每一年都在行政人員的積極規劃和教師的領導與合作中，不但實踐學校願景，更讓全校教師都和玉慧老師一樣愈教愈起勁。

## ♡ 助人過程中深受同事的信任

　　為了幫助初任教師與夥伴教師儘早進入正軌，2006年，玉慧老師與六位同事，包括當時的教務陳玟錡主任與現任的教務左鴻熙主任一起接受教學輔導教師培訓。玉慧老師覺得：

我們是一群志同道合的好朋友，七個人的服務年資都是十五年左右，平日原本感情就很好，愛講話、喜歡一起聊天，更喜歡跟人接近。研習期間感情凝聚得更深，比方說資料、照片等等，大家都會一起處理，相互合作。

原本培訓課程作業多，壓力也很大，但是因為彼此合作，不但不覺得辛苦，還許下心願，希望日後組成教學導師社群，一起引導同儕改進教學，提升領導能量，對教師與學校整體發展產生影響。玉慧老師表示：

當學校裡有一群尋求改進與提升教學成效的老師，在同事互動中慢慢地影響更多的人，一種溫馨的氛圍於是形成，校園文化也漸漸變得更和諧。

取得教學輔導教師證照之後，經過配對與組合，玉慧老師和另一位教學輔導教師——吳素秋老師，配對了四位年輕的夥伴教師，成為一個專業學習社群，她也很高興地成為這個社群的帶領者。她記得：

我們常利用中午或週五下午空堂時間聚會。因為夥伴教師剛進入校園，對學校環境不熟，我會儘量找時間陪伴、支持他們。在討論的過程中，鼓勵每個人表達自己的意見。我除了提供帶班策略、教材教法之外，還有一些補充教材，後來還一起做行動研究。

與夥伴教師快樂的相處

在互動過程中，玉慧老師覺得自己也獲益良多，她舉例：

> 夥伴教師中有一位念資訊的老師，他是電腦高手，我常
> 向他請教，他也幫我解決了許多問題；還有兩位年輕的
> 女老師，學校運動會時教小朋友跳舞，她們創新的動作
> 就是不一樣，讓我大開眼界！

玉慧老師認為年輕老師都學有專精，自然也有值得學習的長處，後來她們都變成好朋友，她很得意的說：

> 年輕人失戀了，就來找我傾訴、吐苦水；戀愛成功，想
> 要結婚了，就請我當「結婚對象鑑定團」，我們就這樣
> 慢慢變成知心朋友。

這種幫助別人也能讓自己獲益的觀點，最讓她欣慰的是莫過於能受到他人信任與倚重，以及看到自己有能力影響他人，更讓她願意持續的幫助別人。像她這樣的教師，最適合成為教

師領導者。

玉慧老師常引她以前閱讀過的一段話來勉勵自己：

> 運用加法來增加溝通的橋梁；運用減法來排除困難。

每當她與同事進行溝通時，總是採用多種不同的橋梁，有時開會討論、有時用書面或寄電子郵件分享想法。如果溝通上遇到困難，她就找出觸礁的原因，運用減法設法減少困難。

她還將上面這段話應用在教學上。她覺得教師扮演著引導的角色，猶如學生想跨過學習困難之河時，教師就得不斷設計多種橋梁引導學生，以增加更多的創意與探索方法。她更強調：

> 「加法」也代表老師要因應個別差異，不斷的關心與照顧學生、關注孩子的學習，讓學生感受到老師的愛心。
> 幾乎我教過的學生都很愛我，即使畢業離開葫蘆了，他們仍然會找時間回來看我。

而句中的「減法」是指教師在班級經營中，若有孩子因家庭因素導致情緒不穩或學習困難，老師要以積極的態度幫助孩子排除困難，減少憂慮。她不以功課好壞來衡量孩子的好壞，她總是設法了解每個孩子的個別差異與適應能力，因而獲得孩子的信任與尊敬，讓孩子都喊她是學校裡的「媽媽」。

老師是我在學校的媽媽

# ♡ 以對話完成特色課程編寫工作

當學校確定選擇「數學領域」為特色課程時,校長邀請既能獨立行事,又能與人合作及反思的玉慧老師擔任數學領域召集人,希望她發揮教師領導的影響力,帶領老師們撰寫學校特色課程,發揮課程特色成為學校革新的重要力量。她提到:

> 校長希望我擔任數學領召,原本我想推辭,後來我得到
> 的訊息是因為我之前已連任了好幾年領召,對數學領域
> 低、中、高年級縱向課程的銜接十分清楚,正好我也想
> 嘗試這個和同事合作編寫特色課程的任務,於是就答應
> 接下領域召集人的職務。

領域會議每個月開會一次,會中玉慧老師鼓勵成員充分表達意見,經過多次討論與溝通,擬定編寫方向:將生硬的數學課本與有趣的生活結合。

接著討論好各年段的課程特色:低年級選擇「探索數學步道」、中年級著重在「數學繪本」、高年級採用「主題活

動」，如運動會、畢業旅行、理財高手等。起初各年段老師各有各的想法，但經過一番對話與說服，最後才拍板定案。

特色課程方向擬定之後，接著是進行分工。身為領召的玉慧老師身先士卒，自願負責編寫四年級的在地數學課程，因為她深知數學給學生的感覺不但「硬」，而且「令人恐懼」，如果能將孩子喜歡的繪本融入課程中，讓學生體驗學習數學的樂趣，這將是一個值得嘗試的點子！她舉了一個例子：

> 有一本書叫做《奇妙的三角形》，書中傳達一個概念：「三角形、多邊形的邊數愈多，最後會趨近於圓。」聽我講完繪本裡的故事，小朋友都覺得很好玩！於是我讓孩子們動手操作，將一個圓從三角形、四邊形……八邊形一個個剪下去，最後真的快要變成圓形，藉此讓孩子徹底體會繪本中的概念。

玉慧老師率先將自己編寫的數學繪本教材提出來討論，也讓領域內的老師有了學習的榜樣。

與數學領域老師共研特色課程

　　低年級的數學步道探索，成員原有一些新的構想，卻礙於學校沒有經費設置新步道，「巧婦難為無米之炊」，一度想放棄構想。幸好經過成員們的腦力激盪，大家一起走出教室，尋找校園可作為學習步道的地方。

> 有的老師建議利用低年級小朋友最喜歡的遊樂區，有的建議利用校園綠化美化工程時，在地面或牆面貼上各種不同形狀的磁磚，供孩子們觀察、體驗。找到可利用的地點之後，老師們就開始提出自己的看法，一起合作編寫「探索數學步道」教材。

　　低年級教材就在老師們通力合作之下，不花學校經費也能逐步完成，藉此可以證明「對話與合作的文化」，是適合教師領導滋長的情境。

　　當高年級的特色課程預定一學期要加入五個單元時，老師們擔心教不完，也造成了極大的壓力。後來經過與課發會對話、討論、修正之後，刪掉一個單元。玉慧老師站在高年級老師的立場，認同老師們的看法：

> 我們寧願做得好，而不要做得浮濫。老師們的對話中出現：課都上不完了，哪有時間上補充教材？但又礙於這是學校的決策，老師們不能不配合，後來採用同學年老師互相影響的策略，想做的、有興趣的老師先做，慢慢的，想做的老師從原本的兩人、三人到最後愈來愈多。

　　在編寫課程進行中，與會老師要報告每個月的教學進度，以及教學後的省思，這件事讓老師們覺得很困擾。老師們覺得教學後必定會做省思，但是要把省思報告出來，就覺得有

點困難。玉慧老師心裡想：

> 讓老師們藉著報告分享心得，可以彼此相互觀摩，促進
> 教學成效。雖然老師們覺得厭煩並且抱怨，但只要形成
> 制度，大家還是一步一步走下去，抱怨的聲音也就像泡
> 沫般慢慢消失了。

在撰寫心得的過程中，如果老師們寫不出來，玉慧老師就
會前去關心、加油或給予一些建議。她儘量製造橋梁與同事溝
通，透過各種關懷的技巧，增加老師和老師之間溝通的機會。

## ♡ 以合作帶領同事進行行動研究

近年來有愈來愈多的教師除了在教室裡扮演「教學
者」、「輔導者」，也重視「研究者」的角色，教師期待能從
事與自己專業有關的行動研究工作。玉慧老師三年來曾嘗試過
兩次行動研究，第一次由她帶領兩位夥伴教師一同研究數學科
的校本課程，題目是「好的開數」，目的在提升數學科的學習
興趣，讓教材更貼近學生生活。她提及：

> 「好的開數」是取「好的開始」的諧音，記錄一個學期
> 「在地數學」的數學遊戲活動歷程與省思。尤其有兩位
> 夥伴教師的參與，年輕活潑的想法讓我學習到更多，每
> 次討論的回憶至今仍令人難忘。那次的行動研究歷程給
> 了我深刻的領悟：數學課程創新的規劃與教學，不但讓
> 孩子們不怕數學，更會喜歡數學。

與夥伴合作進行行動研究

　　2010年玉慧老師帶二年級，與同學年的老師創新數學教
材、共研特色課程。在相同理念之下，她又設計了繪本的數學
課程讓小朋友學習，再次將那段教與學的過程寫成行動研究，
並再度參加行動研究比賽，終於獲獎。她覺得如果沒有前一次
的經驗，就沒有再次行動的動力。

　　第二次的行動研究是藉著編寫特色課程的資料，我帶著
　　一位夥伴教師寫了一篇〈下一站　數學〉，其設計概念
　　是將「數學繪本」、「學生生活經驗」與「數學課程」
　　結合在一起。

　　玉慧老師當初的構想是希望在每一段教學的開始，都先以
繪本故事作引導，再進入課程教學，教學之後還設計了延伸活
動和評量，再依評量結果進行補救教學，然後將這段歷成寫成
行動研究。

　　我撰寫此篇研究的目的是要探究孩子是否喜歡我們所設
　　計的數學課程？我希望所設計的課程能讓孩子覺得很有

趣，上完每一節數學課之後，希望下一站（節）還是好
玩的數學課，所以才將題目訂爲〈下一站 數學〉。

從兩次撰寫行動研究的經驗中，玉慧老師覺得帶著同事
一起合作，從中獲得了許多好處：一是當自己遇到瓶頸時，有
人可以提供意見；二是當自己寫得很煩的時候，可以找夥伴訴
苦。

寫作中那位支持者就是夥伴，起先可能是玉慧老師帶著
同事，可是後來是同事來支持玉慧老師，彼此相互依靠，所以
有時候領導者也不見得從頭到尾都是領導者。玉慧老師一再強
調：

> 我一直覺得我們是合作的關係，沒有那種我領導著別人
> 的感覺耶！

待人客氣、平易近人的玉慧老師認爲自己並沒有刻意使用
領導策略，學校能改革成功，全靠全校老師通力合作。連家長
都感受到「『葫蘆』裡賣的藥有效了」，因此，玉慧老師聽過
不少類似下述家長的讚美：

> 我有兩個孩子，大兒子就讀鄰近國小的資優班，小女兒
> 就讀葫蘆國小，因此瞭解兩校的差異。我覺得葫蘆的老
> 師都很敬業，甚至放學後還有老師爲了備課而願意留校
> 對話，進入校園看到燈火通明的景象，很令人感動。各
> 科教學也很落實，家長都很放心將孩子交給學校。

在各校因少子化而陸續減班的情況下，葫蘆國小目前全校
各班級人數都在25人以上，一年級更達29人滿額，新生人數的
增加正顯示家長對老師的信任與肯定。

# ♡ 擔負行政與老師溝通的橋梁

中小學教師坐擁班級王國，常被批評是單打獨鬥的教學者。但是在日益複雜的教育環境中，教師漸漸地被期望能走出教室和同事合作，學習擔任領導者，協力推動校務，提升教育品質。

玉慧老師覺得自己既然選擇教職，就應該善盡教師的職守，行有餘力則協助同儕成長。在她擔任領導者的過程中，也曾遭遇到一些小小挫折，例如，當學校為了革新，希望老師們作一些改變時，有些老師反應冷漠或是遲滯不進，甚至明顯表達反對的意見。她舉例說：

> 可能是同事面對變革，一時不能適應，只好表面敷衍，點頭說好，實際上什麼也沒做；也有人直接表達反對意見。面對這種情境，我並非學校正式領導者，只好儘量鼓勵、提醒，甚至將我做好的部分拿到他的面前讓他參考，這樣一來，有了模仿的資料，對方就比較願意去做了！

像玉慧老師這種自己沒有行政權，卻又很想幫助別人一起執行學校的政策，此時她的做法就只能以服務代替領導，所以這算是一種服務領導吧！

玉慧老師從任教以來，在教室裡一直像守護神般照顧學生，跨出教室則樂於擔負行政與老師溝通的橋梁，凡是能提升學校辦學效能的工作，她都樂此不疲。她自我解嘲地說：

> 我是屬於「雞婆型」，只要是學校設定的目標，又清楚地告訴我們改革的策略，我就會鼓勵同事一起努力去達成。

因為她覺得提升學校辦學效能是好事，唯有學校好，家長才會放心將孩子交給學校，教師們在學校服務也才有面子。

> 當老師們攜手努力有了成果，校長就給予精神上的鼓勵或支持，比方說教學環境、硬體設施的改善，或者老師們希望獲得哪些幫助，學校就儘量配合。下一次老師就會更加賣力去完成校長另一個策略性的行動，我覺得這是校長與老師的想法能互相尊重與相輔相成的事。

可見玉慧老師的領導歷程，是由教師領導者與校長共同合作以改革學校，並且讓每個人的想法都能被尊重與容忍，也讓校長與教師在領導作為上有所分工：教師對領導教與學的改進負有責任；校長則負責學校的政策與策略性的行動。

比較有利於教師領導建構的校園文化，是教師之間開放、互信和支持的「合作的文化」。如果同儕間表面上維持和諧合作的關係，私底下卻依然我行我素，這樣就很難和同事真正進行合作。玉慧老師的想法是：

> 學校裡一定會有些小團體。比方說上次校務評鑑，學校希望老師們寫教案，一開始就有人說，是哪一條法規規定老師要寫教案的，還要寫詳案！但是後來我發現這些老師全部都交了。

當校園裡大部分的人都朝著學校的政策前進時，原本抗拒的少數人也會被影響。在這種情況下，玉慧老師的實際做法是：

> 當我跟他們聊天的時候，我會提醒他們，今年不做，明年還是要再來一次。而且接受校務評鑑是一種趨勢啊！

　　可見玉慧老師常用的溝通模式是，平日先以誠懇的心與同事建立私交，彼此成為好朋友，等到學校有所要求時，她會選擇適當的場合，例如，大家正在談天說笑的時候，提出她的意見。她覺得：

在輕鬆的氣氛下，比較容易說服對方跟你做一樣的事。

　　套用私交去影響別人，也是玉慧老師從教師領導歷程中所體認到的成功之道。教師領導者希望獲得信任，除了真誠、尊重，也必須要有在一起的時間，尋找與被領導者在一起努力的空間，才能共同思考種種問題與經驗，領導也才能順利成功。

　　玉慧老師目前是低年級級任，沒有任何行政權，也沒有領導的權力慾，但是她具備了教師領導者必備的三項特質：一是能幹的，不論是課程設計與班級經營，都是讓人佩服的好老師；二是可信賴的，校園裡幾乎每位老師都是她的好朋友；三是平易近人的，她覺得自己是很平凡的人，任何人只要想接近她，她都很高興。

　　玉慧老師先在教學及班級經營上讓自己成為有效能的教師，然後經由與同仁的互動，獲得同事的信服，進而配合校長所擬定的校務改革方向，與同事攜手同心，發揮領導的效能，達成校務改革的目標。這種「己立立人、己達達人」的精神，正是現代教師領導者的典範。

## 【心靈小品】

　　曾經擔任甘迺迪、詹森、卡特、雷根等四位美國總統顧問的南加大企業管理教授華倫·班尼斯（Warren Bennis），曾經為「領導」下了一個最簡潔的解釋。他說：「領導是『做對的事』（Doing the right things）；管理則只是『將事情做對』（Doing things right）。」

　　處在今天資訊爆炸、知識經濟的時代裡，社會上各階層原有的組織、領導、管理，不論在理論上或實務上，都已經無法適應激烈競爭的需求。今後的領導或許要以「團隊領導」、「參與式領導」來取代。也就是期許人人都是領導者，因此，校園裡的每位師長都可以從事教師領導，成為教師領導者，及時做對的事以提升辦學績效。

## 延伸思考及討論

1. 面對教育革新歷程中可能出現的抗拒、冷漠或是停滯不前，玉慧老師如何有效面對並牽引出正向的教師力量呢？請談談您的觀察與體會。

2. 「對話與合作的文化」是提升教師專業、達成學校願景的教師文化特徵。您如何在校園裡形塑出如此的文化氛圍呢？

# Chapter 2

# 以智慧與圓融通達事理
# 以愛與關懷服務教師

【訪談 / 撰稿：李建民】

受訪人：王金燕

職務：文化國小教師 / 教學輔導教師

領導組織：教學輔導教師、教師專業
社群

珍愛團體中的每位成員，

以服務的熱忱化解困境，

以圓融的智慧溝通協調，

以愛與關懷面對每個人、每件事。

——文化國小　王金燕老師

## ♡ 深水無聲　深耕無怨

> 沒有耀眼的資歷，沒有輝煌的頭銜，沒有成冊、成堆的
> 亮麗出版品，卻在學生的成長、家長的交心、特教的深
> 耕、輔導的園地、夥伴教師的專業成長中，獲得豐碩、
> 甜美、獨特的粒粒果實。

　　這是文化國小老師送給王金燕老師一本紀念相簿裡的一段
文字，道盡了熱愛教育、深耕教學、盡心助人的金燕老師的特
質。每當有人讚美她：「你這麼優秀，怎麼不去當主任呢？」
她總是笑著答：「學校可以當主任的優秀人才很多，站在基層
教師這個位置，我感覺更能體悟學生與老師的需求，並在適當
的時機給予更實質的幫助。」

　　以「打造一所具有國際競爭力的優質小學」為目標的文化
國小，2005年榮獲「標竿100學校」與「教育部校長領導卓越
獎」殊榮，2006年榮獲臺北市及教育部「教學卓越金質獎」，
2009年獲選《商業周刊》及《親子天下雜誌》全國特色學校。
1996至2011年間囊括臺北市優質學校全部九項優質獎，以及
「臺北教育111標竿學校」的肯定，更確立了文化國小在教育
界的優質辦學形象。所以，多年來該校都是北投區的額滿學
校，絲毫未受到少子化的衝擊影響。

　　在優質學校的光環下，造就了不少獲獎無數的老師與行政
人員。但每當問起學校老師：「最值得學習的典範及最受到專
業信任的老師是誰？」王金燕老師的名字總是自然地從每位老
師的讚嘆聲中說出來。

　　三屆教學輔導教師召集人、教師會會長、輔導組長、資料
組長等資歷，讓金燕老師那思考周延、仗義和言、熱心助人的

本質展露無疑。她總是老師們諮詢的當然顧問，桌上往往貼滿了密密麻麻要提供給老師與學生的備忘紙條。她重視每一個提出的問題與意見，又能將所有瑣碎的事視其輕重緩急，安排適當的時間，依序解決。

金燕老師總是給予同儕夥伴溫馨的關懷

　　當老師傷心地找她訴說在教學、輔導或親師溝通上遭遇的挫折與委屈時，她總是先泡一壺熱茶，溫潤老師的心，再慢慢為老師抽絲剝繭，找到出路。當老師遇到棘手的個案學生問題時，她會提供各種專業的資源與管道，勉勵老師不要放棄，並以行動陪伴老師持續輔導，一起設法把孩子帶上來。憑藉著老師及家長對她的高度信任，金燕老師多次跨年級協助不同的老師，輔導學生個案，組織研究小組，並協同參與行動研究，屢獲佳績。

　　一份份溫馨的關懷，一次次成功的助人經驗，讓金燕老師與同儕之間的情誼與日俱增。加上教學導師運作的輝煌成果，在三屆教學輔導教師召集人任內，金燕老師成為帶領教師邁向

專業與精緻教學的磐石，並獲得校長與行政同仁的一致肯定，而這一切的因緣，都得從那個帶來希望的夏天說起……

## ♡ 共築自主專業成長的夢田

> 我夢見一顆星，
>
> 一個光明島嶼，
>
> 我將在那裡出生，
>
> 在它快速的閒暇深處，
>
> 我的生命將成熟它的事業，
>
> 像陽光下的稻田。

——泰戈爾，《漂鳥集》

2003年仲夏午後，在草山Starbucks咖啡的微醺中，金燕老師和學校幾位將成為教學導師的教育尖兵，抓住片刻休閒，同聊美好生命與生活因緣之際，彼此勾勒著未來學校推展教學導師制度的圖像與教師生態的遞移。那時的天空很藍，陽光穿過未受阻攔的清新空氣，顯得格外明亮；那裡的樹特別高大，森林的芬芳隨著落葉自由地縈繞身旁；在那兒輕啜著咖啡的心靈，一如Cappuccino般的單純而濃郁，而這股氛圍，也隨著教學導師結訓下山的期許，帶回到文化國小悄悄地醞釀、發酵……

在上山儲訓的過程中，金燕老師認為教學導師的培訓課程內容包羅萬象，帶給她很多正確的輔導方向與技巧，包括在任務執行上的一些工具都十分實用。可是受訓期間只有十多天，許多相關的輔導理念、技巧仍有待進階充實，所以，當大夥下山後真正執行任務時，很多教學導師拋出因不曉得該如何跟夥

伴教師進行有效的溝通而感到困惑之際，教育心理系畢業、接受過特教專業訓練的金燕老師，自然地就成為協助、領導其他教學導師進行後續專業成長的召集人。

　　我覺得教學導師應是能夠在職場裡大家互相扶持成長，
　　然後薪火相傳，那是我一直很期待的方向。

金燕老師引領大家在教學輔導制度裡逐夢

　　這樣的期待，促使金燕老師在與所有教學導師討論文化國小的制度實施走向時，訂定了四個方向：

1. 這是**一個自發性的成長團體**：由參與者自己構想發展方向與活動方式，學校行政只提供資源與協助。
2. 以「**會前會**」共同規劃所有的活動：讓每位教學導師在活動前的會議中充分討論，清楚瞭解活動的目的，凝聚對活動的參與感與向心力。
3. **重視團體運作的方式**：每組教學導師與夥伴教師，背後都有一個支持的專業團隊，共同分享討論與成長。
4. **尊重夥伴教師的意願**：從參加、配對到輔導活動，都

　　充分尊重夥伴教師的意願。透過真誠關懷與豐富的成
　　長活動，培養老師主動學習成長的動力。

　　金燕老師非常重視經驗傳承的正確性，在教學輔導教師制
度開始推動時，她舉了一個小故事，勉勵大家：

> 參加教學導師培訓時，有位老師詢問當普通班裡的特殊
> 學生有狀況發生時，應該怎麼處理？一位準輔導教師建
> 議：「老師們自己要有能力處理好學生的事情，不應該
> 一有問題就找輔導室！」但以我自己本身曾擔任基層老
> 師和行政人員多年的經驗，認為行政本應有服務老師的
> 精神，因此其論點有澄清的必要，所以我當場就提出對
> 普通班級中特殊兒童的處理經驗，同時也鼓勵老師應勇
> 敢尋求輔導室或其他處室的協助。

金燕老師努力為親師建立輔導溝通的橋梁

　　金燕老師認為，在教師經驗傳承的過程中，因為自身的角
色定位與過去的閱歷，有時會產生教學觀念上的盲點，必要的

時候，還是要找其他老師進行討論與澄清，再傳承給夥伴教師比較適合，切忌主觀地強加經驗給他人。

教學輔導教師團體在充分的規劃下，終於開始運作，也為文化國小的教師領導風氣開啟了一段新的里程。

## ♡ 預約幸福夥伴關係

我心的愛，等待著你心的夢

可否借一條橋讓我們相通

——改自朱天心「匈牙利之水」

教師領導的第一道關卡，便是如何在彼此互信互助下，達到心靈相通。在文化國小，金燕老師為學校教學導師與夥伴教師的配對互動取了一個溫馨的名稱：預約幸福。

金燕老師很重視每位夥伴的參與意願及感受

每年暑假，在教學導師召集人所主持的會前會中，學校會將彙整好的教學導師基本資料公布於學校網頁，讓有意願成為

夥伴教師的同事，能先瞭解每位教學導師的經歷與專長，進而依據自己的成長需求，預約一年度的幸福關係，而教學導師亦開始籌畫招募夥伴與迎新活動。

當夥伴教師完成與教學導師的配對後，便在開學前進行相見歡活動，除了促進小組夥伴的情誼外，也加速配對教師間的信任關係與默契建立。相見歡後，教學導師便依據「建立關係」、「提供服務」、「共同成長」三階段，協助夥伴教師進行一年的互動與成長。

金燕老師認為，要讓夥伴教師幸福，就要跟著夥伴的腳步走。她舉例：

> 初任教師往往經驗不足，比較不懂得怎麼跟家長溝通，所以在班級經營管理部分，需要我們多面向的協助。在人格特質上，如果夥伴教師的態度是主動的，希望我們密切協助的，就多主動一點；如果是比較害羞、膽怯、信心不足的，那麼就多鼓勵一些。遇到本身已有相當教學資歷的夥伴教師，可能只是剛調到我們學校，那就多著力在環境適應的部分；如果是害怕他人太多關注的老師，就改採關懷的方式，讓他先感覺到溫暖。

金燕老師認為，保持與夥伴教師之間的信任關係非常重要。他信任你，覺得你是安全的、是真正想協助他的，教學導師的工作就可以按部就班地順利進行；如果他對你是排斥的、有戒心的，就得因應對方的特質，小心進行。

幫助過許多初任教師成長的金燕老師，覺得在助人的過程中，對自己幫助最大的就是「教學相長」。

> 因為每一個人的特質不同，我不僅看到很多人的優點，

也學習到很多人的創意，不論是教學導師或是夥伴教師
都有值得我學習的地方。

　　金燕老師在教學或研發教材、教具這部分的研究，一直保
持高度的熱忱，她藉由與夥伴教師的互動，一起探索教學現場
的問題，共同發展教材、教法，甚至做行動研究，讓自己持續
保持著研究與進修的興趣。

　　為了增進教師專業對話的機會，金燕老師在擔任教學輔導
教師召集人期間，極力推動辦理教學主題座談及輔導工作坊，
幫助所有的教學導師與夥伴教師藉由專業對話找到解決問題的
途徑，進而一步一步地去學習、成長。

學校相當倚重金燕老師在同儕教師間的溝通與領導能力

　　金燕老師覺得在擔任教師領導工作中，首先要做的工作就
是幫同事紓解職場壓力與情緒，再來就是協助同事之間做人際
溝通和協調，最後再逐步提供專業成長的資訊與環境，讓老師
從心理層面到認知層面，都可以獲得支持與成長。

　　整個教學輔導教師的團體，就在金燕老師以互敬互信為前提的領導下，一步步建立起相當的組織與規模，不僅逐漸受到學校老師的肯定與信任，甚至有老師跨校加入，校長更是珍視與認同這個團體的獨特地位。有時遇到棘手的親師衝突，為了避免行政處理過程中老師的尷尬與防衛，校長甚至會親自請託教學輔導教師，借重他們與老師互動的成功經驗，居中協調與幫助，在親、師、生與行政彼此都不受傷害的情況下，讓一樁樁事件畫下完美的句點。

## ♡ 天使的羽翼

　　由於學校的倚重，讓金燕老師所帶領的教學輔導教師團體，持續對老師提供豐富而多元的幫助，以及專業而適切的教學成長資訊。許多教學導師也與夥伴教師譜出一個個感人的成長故事，其中，金燕老師與她的夥伴──心怡老師，就有過一段從初識、個案輔導、薪火相傳到深交的成長歷程。七、八年前那個過去經常在課堂上落淚不知所措的新手教師心怡，經過時間的歷練，如今已蛻變成為學校倚重的「專任輔導教師」，隨時協助班級導師處理個案兒童的輔導問題。

> 「我們都是單翼的天使，只有彼此擁抱，才能飛翔。」
> 但我深深感覺到，
> 我是一直在您的羽翼呵護下成長，
> 您為我擋風遮雨；
> 您給我所需的滋養；
> 您教我飛翔的方向；
> 甚至我築巢的方法，也以您為楷模！
>
> ──心怡老師獻給金燕老師

　　曾與金燕老師在輔導室一起共事過的高敏麗主任，在送給她的紀念相簿裡，下了一個標題：看似不凡卻是深情的良師典範。

金燕老師協助夥伴教師帶領小團輔

## ♡盡心於公平正義，就能無愧於心

　　當事人才是解決自己問題的關鍵。當事人願意主動求助，樂意與教學導師討論解決的方法，事情就可以迎刃而解。我們只是在旁邊的協助者、催化者。

　　時常為許多老師解決問題的金燕老師表示，當事人如果沒有意願，協助的過程不但費時費力，效果也很有限，因此教學導師的耐心很重要，切忌操之過及。

　　她提到曾有位優秀的教學導師，因為求好心切，給予夥伴太大的壓力，造成夥伴心裡上的不愉快，夥伴教師覺得他待在這個成長團體壓力很大，最後提出「退出」的要求。回顧前

段的輔導歷程，可能是教學導師已發現某些問題想提醒夥伴教師，卻沒有覺察到自己平常的習慣用語會造成夥伴教師心裡的壓力，才導致這樣的誤會。金燕老師深深覺得：

> 想要成為教師領導者，熱心、專業、耐心、溝通能力
> 等，都是必備的條件。

金燕老師與大家共築教師專業領導團隊

曾經擔任過教師會會長的金燕老師，認為服務一個團體與服務全校老師，在角色定位上有很大的差距。因為如果思考不夠周延，當你以為解決了某部分人的問題時，卻可能引出另外一部分人的問題。但她認為：

> 你努力過，以無私的心去解決每一個問題就好，至於評
> 價如何，見仁見智，只要無愧於心，無法強求。

金燕老師覺得一位教師領導者，應該擔負與行政進行充分協調溝通的工作。當教師團體的成員中有什麼問題或需要，教

師領導者不但要作適度的反應讓行政人員知道，更要盡力協助使問題獲得解決，讓需求儘可能得到滿足。所以，教師領導者除了探詢基層教師的需求外，也應該聽聽行政對老師的期待，擔任居中溝通與協調的角色，在校務正向發展的前提下，讓整個溝通協調的過程保持理性，這樣學校才會有良性的對話與發展空間。

## ♡ 平凡築就卓越　奉獻盡顯眞情

有一種力量叫感動，

有一種精神叫奉獻。

尋找身邊的感動，

感受榜樣的力量，

英雄就在你我身邊。

——《榜樣2010》

金燕老師曾說：

教育政策或教學、輔導策略的擬定，均應以「學生」爲最大考量。不論擔任任何角色或職務，我皆願盡全力協助行政單位、老師及家長做好學生輔導的工作。

在文化國小服務了十幾年的教育生涯裡，不論是在自己的教學領域、或是在協助老師解決親師生溝通的問題，金燕老師都以學生的受惠爲最大考量，努力讓每位老師看到孩子與家長的亮點，讓家長體恤並認同教師的辛勞。金燕老師認爲，不論在什麼團體組織裡，當她擔任領導者時，她的理念就是：

珍愛團體中的每位成員，

以服務的熱忱化解困境，

以圓融的智慧溝通協調，

以愛與關懷面對每個人、每件事。

有位哲人說：「平凡與真情是鍛造人生的兩件法寶。」正因為金燕老師始終秉持著這樣的理念，關心、協助、輔導同儕，所以能在文化國小一百多位同仁的心目中，給予崇高的信任、感佩與敬意。

教育，始終是金燕老師最無怨無悔的奉獻

## 【心靈小品】

### 愛因為在心中

～王力宏

當我睜開雙眼每一天

都會記得大家的笑臉

明白心中勇敢又多了一點

曾經哭泣也會看不見

未來總會有別的喜悅

就讓時間翻開嶄新的一頁

你的音符你的臉

有種無聲的語言

教我不退縮要堅持著信念

用音符畫一個圈

經過都會被紀念

我想愛永遠會留在你心間

每個人　都擁有一個夢

即使彼此不相同

能夠與你分享

無論失敗成功都會感動

愛　因為在心中

平凡而不平庸

世界就像迷宮

卻又讓我們此刻相逢Our Home


金燕老師對於文化國小的同仁而言，就如同這首歌所描述

的，隨時為大家加油打氣，鼓勵每位受挫的老師不要退縮，堅持信念。

當她是教學導師團體的召集人、教師會會長時，同事有難，她會隨時挺身而出，盡力讓每件棘手的事情畫下完美的句點。當她把領導的棒子交給下一位夥伴，回到班上擔任導師時，她是位讓孩子安心、讓家長放心的良師，並隨時準備伸出雙手，提攜需要幫助的後進。正因為如此，金燕老師的愛，在學校每位同仁的心中、在每位家長與孩子的感謝裡，傳頌不已。

## 延伸思考及討論

1. 教師領導者的影響力和行政領導有什麼不同的特質？如何結合這兩者，促進教育的改善與教師專業的提升？

2. 從文化國小的教學導師制度走向，以及金燕老師助人的細膩、真誠、關懷中，您體會出哪些「幸福夥伴關係」建立的關鍵作為？

# 【Chapter 3】

## 領域專業展領導
## 讀寫教學播兩岸

【訪談／高紅瑛　撰稿／高紅瑛、李玉貴】

受訪人：李玉貴
職務：國語實小教學輔導教師／語文
　　　科研究教師／語文領域召集人／
　　　臺北市國語科輔導團團員／教育
　　　部中央課程輔導小組語文領域諮
　　　詢教師
領導組織：教學輔導教師社群／語文領
　　　　　域社群／語文教學工作坊

我用鏡子看自己，謙卑的從中反思與修正。我也歡迎
老師們透過我的鏡照，彷彿照見自己熟悉的作為與身
影。我不直接把鏡子放在老師們面前，因為不是發自
內心的覺察與探求，真實長遠的影響改變，無從發
生。我不知道這算不算得上領導，但是，如此常生漣
漪與迴盪。什麼是領導？先「導」才能「領」！你總
是要先操煩操勞與操持：找地犁田、除草澆灌……。
然後，大夥眼中心中便漸次豁朗：要怎麼收穫，先那
麼栽。

——國語實小　李玉貴老師

## ♡ 一壺清茶　香飄十里

服務於臺北市國語實小的李玉貴老師，由於潛心研究語文的閱讀、寫作、讀寫結合策略教學，在校內先後擔任教學輔導教師、語文領域研究教師、語文領域召集人，長期陪伴同儕專業成長；在校外，擔任北市國語科輔導團團員、教育部中央課程輔導小組語文領域諮詢教師。從2002年迄2010年，她雙腳走進全臺六百餘所小學，向老師們分享語文教學專業與實務。她透露：

> 透過公開分享課堂師生互動、教學活動、課程架構、學生令人驚奇的表現等，更敦促自己深刻的關注學生、檢視教學，實質提升教學專業。

她也曾獲邀至香港、馬來西亞、菲律賓、中國各省⋯⋯，進行教學演示、舉辦工作坊、學術發表、專題講演，推廣臺灣小學語教經驗，約二十餘次。由於她深耕讀寫課堂，2006年獲得臺北市（語文類組）特殊優良教師、2009年天下文化第一屆閱讀典範教師、2010年全國第一屆師鐸獎（臺北市推薦第一名），三度公費赴歐考察。在這些光環之下，她很樸素的清淡描述：

> 我沒有什麼野心企圖，也沒有多積極主動想「推動」什麼、「推廣」什麼，我更希望的是鬆動老師心眼、思維裡摸不著的定見，我稱此為「影響」。我清楚自己充其量不過是「一壺清茶」，有人渴了想解渴，我便把行走課堂所見、課前備課歷程、課堂教學實錄、省思檢討所鑑、閱讀專業所知「斟」在小瓷杯裡，邀你品茗，讓你

理解，盼對你有一絲啟發，期待在你眼界、心靈與思維點生圈圈漣漪。

雖然，我走過六百多所小學，我想對所有老師傳達的重點其實只有三個，那就是深究自己教學核心價值的三個途徑：你想當一個怎樣的老師？你所認為的學習是怎麼一回事？誰才是課堂學習的主體？

玉貴老師與同行分享時，從不急於「倒」各式各樣的教學案例，不急著「灌」五花八門的教學策略。她更強調的是老師教學時的「反省性實踐」：願意停駐於學生遭遇的學習困難，願意理會學生學習的速度差，願意解讀學生習作、作文、口語能力表現透露的學習瓶頸……等，與老師們一起反思：精進教學的改革之路，還長路漫漫；精進教學的改革空間，還天際高遠。

## ♡實驗研究　虔心發願

玉貴老師修習碩士期間，曾進行一個閱讀認知實驗研究，結果證實了當時的語文教學，確實有亟需改進的空間。她回憶起當時的情形：

> 我做了一個「放聲思考法」的實驗研究，請98位受試者（國小二年級與五年級各半）在閱讀文句同時說出所思所想。例如，當我按下鍵盤，螢幕上會出現文章句，學生讀完後，說出讀這個句子當時腦中所想。也就是請學生閱讀時同步將想法放聲說出來。

看到研究結果的玉貴老師，感到驚訝與慚愧。即便閱讀同一篇文章，每個受試孩子所牽動的相關經驗、投入的情緒程

度、思考延伸的向度與廣度各有不同，僅僅98個學生，便呈現出十種鮮明各異的閱讀風格。更甚者，不乏二年級閱讀表現力優於五年級者。她心有所憾的提起：

> 這個研究給了我很大的啟示，孩子的先備經驗、學習取向、認知能力各不相同，但是我們的語文科教學法卻單薄固定。面對不同學習階段、各式文類、各種敘寫手法的多樣課文，幾乎只有單一固定的教法。教法單一，讓原本雙眸好奇、全身主動的孩子，五感遲鈍、雙肩鬆垮、眼神黯淡，失去了最珍貴的內在探索動力。

面對自己的「實驗研究結果」，玉貴老師發願：

> 我願盡我所能在課堂改變語文教學，設法符應不同小孩，保留學生天生且珍貴的好奇與動能！

## ♡ 讀寫專任　默深耕

玉貴老師回想1999年教育部第一年試辦「九年一貫課程」時，發現政策中有兩點令當時擔任課發會一員的她感到十分矛盾與困擾：一是推動大量閱讀，二是國語文教學時數減少。這兩項政策，基本上是相互衝突的：既要推廣閱讀，卻又縮課減時。為此每週兩節課的「實小校本讀寫課程」應運而生，玉貴老師指出：

> 九年一貫剛上路，沒有人知道該怎麼做才是最好的，也知道一定會困難重重……

然而，十二年來，學校陸續邀請玉貴老師擔任「讀寫課程

專任教師」、「領域研究教師」、「領域召集人」、「語文實務研究教師」，玉貴老師都爽快答應，承擔重任。

2001至2003年，九年一貫初上路，身兼研究教師的玉貴老師，擔任三年級兩個班的語文科任。帶了兩年，學校看到兩個班級學生具體的語文學習成效。期間，玉貴老師完整記錄學期教學歷程的教師檔案《李玉貴的128節語文課》，獲得當年度臺北市教師檔案比賽特優的殊榮。

2004年，為了擴大影響層面，學校提出請她擔任七個班的「讀寫課程」專任教師。

在玉貴老師接下校本「讀寫課程」專任教師一職後，希望不要由學校規定、指定授課班級，而是由她親自帶著教學計畫、教學檔案，一班一班向學年老師說明教學構想，徵求合作夥伴。當她有了充分構思過的行動與計畫，又受到來自行政的支持，再加上真誠、面對面的邀請與溝通，結果比她預想的順利許多：她問到第七個老師，就找到七個合作的夥伴──沒有人拒絕她。

就這樣，她不知不覺逐步走向自己也不知道的所謂：教師專業領導的角色與途徑。

## ♡ 領域著急 (召集) 十二年

由於玉貴老師的讀寫課程，提升了學生的學習興趣與成效，學校繼續商請她擔任「語文領域召集人」，她也二話不說，一口答應。每個月至少一次積極與語文領域裡三十多位教師，定期開會、共同研討各學年校本「讀寫課程」計畫，以確定校本課程的目標，訂定各年級教學重點。她回憶當時的情形：

藉著同領域的老師開會討論，終於將各年段之間原本處於獨立運行的課程重點，有了縱貫與銜接的機會，這是一件非常不容易完成的任務，有賴於領域老師的合作。

玉貴老師一再提到：

我們經常用著極有共識的語言，例如，「讀寫結合」、「以學生為本」、「重視學生先備的知識與經驗」……等。但是，其實每個老師所經驗與認知的內涵差異不小。例如，課改十年來，各式各樣的議題擠進語文，老師們都有著讓語文「回歸本質」的渴望。一旦透過語文領域會議坐下來討論，我們才驚覺，不過三十幾個人，你我所指涉的、所想回歸的「本質」，還真是差異懸殊。

從上可知：玉貴老師透過領域會議，實際上扮演的是促成社群對話、引領教學專業思辨的領導者角色：

我自己一直是最基（底）層的一線老師，老師們（包括我自己）最不喜歡「行政」、「命令」、「規定」與「要求」。但是，許多看起來是「行政命令」的「規定要求」，實則源自專業研究的結果分析。可惜，傳達過程並沒有讓我們充分理解與感受政策的初衷與緣由，卻只接受到應接不暇的規定與要求。領域會議這個社群的重要性就在這裡：我們討論著自己的課程、建構彼此的課程關係、釐清帶得走的語文能力的重要本質。

坦而言之，社群形成容易，但是要能凝聚心力且長期發展，則需要如玉貴老師在領域會議中同時扮演的三種關鍵角

色：深諳學科教學專業的領導者，關照教師需求的溫暖導師，具整合多元意見的討論中介者。這樣的人才，實不可多得。

難怪玉貴老師每每提及在實小連續擔任領召十二年時，流露的總是艱辛與欣慰交織的複雜情緒與口吻：

> 我在實小一直受到前輩老師的教導與提攜，例如，65歲屆齡退休的張惟萍老師，研究處主任李玉華老師，擔任三十年級任的張祝英老師，她們總是默默耕耘、身教重於言教的無私教導。當校長希望我擔任領召時，我才猛然驚覺：以前替我遮風擋雨、讓我頂天立地的前輩，前前後後都退休了。發現自己從今爾後應有所擔當，讓年輕後進踩著肩膀，探頭遠望……

玉貴和語文領域社群的老師一邊計畫實踐、一邊討論修正、一邊分享共學，在這個語文領域社群當了十二年召集人。許多學校的領域召集人年年更迭，但是玉貴老師讓我們感動於教學輔導與領導的「硬頸」精神，就是在教學專業的小角落，堅持、持續發揮一己所能的專業影響。

玉貴老師表示：很多學校的領域社群運作，形式大於實質意義。採訪時，可以感受到玉貴老師擔任語文領召步步為營、如履深淵。她說：

> 實小老師個個身懷絕技、各具專業，要將實小最看重、最倚重的語文教學看顧呵護長達十二年，實非易事。每個月，每完成一次領域會議，彷彿剩下的時間，我都在為下一次領域會議構思、準備。比如：方向不清晰的時候，我必須先構想幾種可能的方向；做法不清楚的時候，我要先構思出幾種可能的做法；完成一個階段性議

題後，我要先操煩後續可以討論的幾個具體方向；全校語文教學出現一些共同瓶頸時，我必須先蒐集具體資料（如：學生習作、定期命題卷、學生作文），進行初步分析呈現各類現象。唯有如此，才能讓領域老師在會議中，有實際、有效的討論「基礎」。

原來，在實小彷彿站穩了教學專業領導角色的背後，實則奠基於長期付出繁多的思慮、準備、焦慮、構思與行動。玉貴老師難掩疲憊的說道：

> 每個月三個小時的領域對談時間，唯有領召事先做足準備，比夥伴們設想得更具體務實、試想更多可能性，才不枉費大夥放下牽繫心頭的班務、擱著成堆累牘的作業。

帶領領域社群，玉貴老師的態度，一方面顯得戒慎，另方面又顯得彌足珍惜。因為這十二年來的領召任務在壓力中，同時也磨練了她獨到專業的語文眼光、精闢分享與領導能力。

在實小十二年領召期間，以工作坊方式，玉貴老師帶領夥伴分別進行了：閱讀策略教學、建構讀寫課程的連貫性、文本解讀、強調理解與運用的課文教學策略、觀摩中國小學語文特級教師教學、觀課記課議課練習、整本書的閱讀與討論。領域會議是夥伴們透過實地演練、相互討論、彼此增能的工作坊來進行。十二年的領域會議，表面上看不出什麼「推展成果」、更沒有什麼「專書出版」，但是，玉貴老師說：

> 一旦你來實小，你會發現老師之間具有共通的討論語言、較能帶著「思維」教語文。透過這十二年的論辯，

彼此間有擁有一些共識性的基調——語文教學不是隨性的加法，我們知道創意、活潑、多元僅是手段，而非目的。

她不喜歡用「推」這個字，也不習慣用「領導」這個詞，她看淡甚至推卻強加在領域社群的「空降」任務。她希望語文領域社群真真實實成為老師們持續探究語文專業的園地，看似沒有轟轟烈烈的成果，其實有機思維正醞釀其中。她感性又欣慰的說：

我們同是有緣人，由於本身具有教學專業，又具有討論引領專長，再加上使用「我也不是很清楚」、「合作一起試一試」的邀請，讓老師們覺得同是一條船上的「自己人」，而非是「行政的傳聲筒」，這也是社群精進專業成功的基準。

進行語文科教學實驗

## ♡ 帶人待心　立制度

　　當玉貴老師立志改進語文教學之際，因緣際會接下學校研究發展處「教學輔導組」的行政工作，同時參加教學導師培訓，希望先儲備助人技巧，能夠有系統地協助夥伴教師。

　　教學輔導組的職務需要時常與同事互動，玉貴老師常常提醒自己：「待人要先待人心，魔鬼藏在細節中。」因此，當她要推薦同事參加教學導師培訓時，不只向全校老師說明制度的精神與特色，還將校內已服務滿八年、具備甄選資格的教師列成一份名單，然後陪著主任，一個一個當面說明並邀請資深優良老師參與方案。她的做法是：

> 誠懇的一一敦請老師參加培訓，是為了讓受邀的老師感受到自己長期在班級的經營與付出，受到行政的關注與肯定。方案推動的精神：「教學輔導系統、師徒攜手共精進」，一向是實小建校以來長期深耕的核心價值。將教育局的「新政策」與實小的「舊傳統」，在老師熟悉的教學軌道上有機整合，老師們才能感受到行政真的是在「支援」老師「精進」，而不是干擾與命令。

　　玉貴老師參與教學導師培訓回到學校後，著手教學導師和夥伴教師配對工作。她特別提到配對方式並非由行政自行配對，而是：

> 先讓夥伴教師認識每位教學輔導老師的特質和專長，再由夥伴根據自己的發展階段、需求，選擇心中最期待攜手同行的教學導師，行政只提供諮詢意見。配對底定後，接著安排正式、溫馨的相見歡與拜師儀式。

玉貴老師很誠懇的分析自己如此關注人心的原因：

這個做法在別人看來或許稍嫌繁複費時，但這卻是所有
身兼行政教師好不容易遇到心目中覺得重要的方案，熱
切希望他能順利在學校「生根發芽、開枝散葉」時，一
定不會以事務繁瑣爲意。

以人爲本，細膩關注人心看似小細節，實際上經常大大
的影響著師徒、社群、領域、團隊是否繼續攜手共成長
的成敗。眞心聆聽教師實務困境，細心關照夥伴的需求
與意願，有了感情的交流，才有攜手向前的動能。

由此可見，身爲專業社群的帶領人，必須眞誠關照成員的
需求、意願，讓彼此先成爲朋友，夥伴們才能漸漸培養歸屬感
與社群感，團隊才可能雖有數十顆心，但願意先選一條較具共
識的路徑，一起走向未知。

## ♡ 提攜夥伴　共增能

玉貴老師擔任教學導師期間，從三方面具體開展與夥伴教
師的教學輔導工作：一方面，開放任教課堂讓夥伴教師觀課；
二方面，建立逐課教學記錄、建置學期教學檔案，當作與夥伴
教師討論課堂的基礎；三方面，將觀課後的討論與長期定期
的讀書會結合。爲了讓師徒具有較完整互動時間，最後選擇下
班後，以師徒聚餐方式，邊談、邊吃、邊讀、邊聊。從班級經
營、親師溝通、語文增能、教學檔案、親情愛情，無話不談。

在擔任「教學輔導組」組長時，學期中爲所有夥伴教師
開設「語文教學工作坊」，限於共同時間難覓，不得已僅能每
月一次，於放學後4至6點，以自身教學實例當作墊腳石，透過

討論、操作、發現、歸納、分享，引領夥伴教師具體體會與認識：強調理解與運用的語文教學策略。玉貴老師不捨的說：

> 傍晚4點到6點，通常是老師身心狀態最疲累的時刻，我
> 心裡實在很不捨。

研習主題一啓動，議題一引發，由於需要動手實做，經常引發熱烈討論，不知不覺就到了7點——學校保全設定時限，大夥只好萬般無奈的結束。

她特別提到校長在教學領導所扮演的角色：

> 還記得，當時陳綠萍校長會全程參與，陪伴我們。校長
> 的精神支持是很重要的，即便有時候校長也撐不住眼皮
> 的瞌睡蟲，但那卻是最真實動人的教學領導畫面。

玉貴老師利用立足實例的討論，讓夥伴教師具體獲益。讓新進夥伴教師在最短時間內，認識實小文化、理解學校的語文教學走向，縮短單兵摸索、嘗試錯誤的階段。這個由行政「教學輔導組」所開設的工作坊，替各組師徒間打下了具品質的好基礎，使校內的教學輔導系統有一個好的開始。

玉貴老師認爲只要能讓年輕夥伴更快、更深入的瞭解實小的「教學文化」、「教學品質」、「教學策略」與「教學成效」，即使辛苦，心中仍感到感恩與滿滿的收穫。

為夥伴教師傳授語文教學策略

## ♡鏡照自己　練內功

　　帶著同儕一起成長的玉貴老師，為了持續精進，從2002年擔任語文領域研究老師至今，都將自己上課的每一節課錄影。養成這樣的習慣，主要的目的是為了當自己的「督學」，另方面當作和同事討教教學的「資料庫」。

　　為了增能，在2007至2008年，玉貴老師又參與國家教育研究院吳敏而教授、趙鏡中教授合作的「能力為本的語文教學」研究專案。研究過程中一連串教學前的課程設計研討，教學中教授群的犀利觀課，教學後互有揚抑的回饋會談，每次都像洋蔥剝皮，層層入裡。

　　研究小組討論的過程，玉貴老師除了自己覺知評估與評價教學成效良窳外，經過玉貴老師同意，進而將她的教學影帶放給其他老師一起看、一起討論。談到觀看自己教學影帶的歷程，她說：

在時間可放慢、可無數次逆轉的回溯中，彷彿跳脫自己，成爲自己的「陌生人」，再次與自己相遇。透過回顧省思自己的教學歷程，檢視自己的提問、檢討自己對學生回答的語氣、評價與品質、評估自己是否秉持正義公平回應每個學生。

這段歷程讓她由衷體會：

大家都以爲「專業增能」一定要透過叫座專家、人氣講師、外加研習、學位攀升、高人指點……。我們都忘了學生是老師的人間菩薩，學生正是老師最好的老師，課堂是老師的人間道場。

每節課都進行教學錄影

## ♡ 聽說讀寫 重實踐

　　玉貴老師認為語文是一門思維性、運思性、操作性很強的學科，若老師說個不停，卻忽略給予學生主動思考的機會，學生被動接受，所學轉頭就忘。玉貴老師認為應該讓學生邊閱讀邊思考、動手操作，整理歸納後有了自己的發現，然後練習透過不同的方式表達自己的理解。

與領域教師共研討論改進教學

　　例如，讓學生學習「總、分、總」的文章，她的做法是：

我不會直接告訴學生：「這是一篇『總分總』結構的課文，很重要喔，記下來，月考會考。」這是典型的、課堂常見的，將閱讀理解的良機，降級至知識的灌輸，淪為記憶的負擔。

老師應該要問自己：學生為什麼需要學篇章結構？學生為什麼需要具備「總、分、總」概念？學了對學生的閱

讀吸收、書寫表述又有什麼用處？

我認為篇章結構是讓學生思考段落與段落間的實質關係與意義層次。閱讀時掌握篇章結構，對篇章的閱讀理解具有促進作用，對寫作具有條分縷析的引導作用。

我會讓學生思考：分述與總說的關係，前總與後總的異同，進而推敲作者為什麼要使用這樣的組段方式敘寫文章？

從學生所說的加以關聯、總結、引領與深化，讓語文學習與先備知識經驗結合，從自己的理解為起點，而不是背負沉重的知識記憶負擔。

玉貴老師認為循序漸進、有步驟的教學方法，即可稱為「策略」。她讓學生從做中學，她不喜歡把閱讀理解的重要關鍵，降級為記憶的負擔。她向領域的老師說：

一堂好的語文課，應當以學生為主體，把課堂還給學生。課堂應該是學生從事真實閱讀、認真練說、書寫練習、寫作嘗試的園地。

玉貴老師特別指出：唯有課前充分備課，扣緊教學目標、為學生循序學習精心設計，準備好學習材料與鎖定學習策略，學生才可能成為課堂學習的主人。老師要做的是：課前構思好劇本，課堂扮演好導演，讓學生粉墨登場，從做中學著扮演好學習者的角色。

領域會議中倡導重視孩子的思考

　　玉貴老師常說，語文專業議題廣泛：聽說讀寫作、不同年段、不同教學重點，她也經常苦於不知道究竟如何教。她說：

　　教學預設與學生學習之間，總有出乎意料之外的地方，
　　我不閃避，不裝作沒看見，真心地將課堂上目睹學生的
　　問題放在心上，不知為什麼，解決的方法就會從行走坐
　　臥、所見所聞、閱讀思考之中找到答案。

　　靜下心平等、耐心地聆聽學生的聲音；放下教學指引，耐心解讀文本；尋索以個別學生起點能力為座標原點的教學方法，這些都是目前玉貴老師嘗試尋索「重理解」、「重運用」的課文教學策略的有效方法。

參訪日本京陽小學

## ♡ 教師社群　兜著走

　　「教師專業發展」與「社群」是近幾年在教育部大力推動下，才廣爲熟知的概念。但是訪談玉貴老師發現，在實小耕耘十二年的「語文領域會議」、著墨四年的「語文實務研究教師」，比教育部所提倡的，起步更早、更「由下而上」、更具草根性。玉貴老師分享她在其他縣市專業影響的經驗：

> 早在2003至2009年，臺東縣由東成、月眉、電光三校組成的策略聯盟，便是長期利用期中與寒暑假每次兩到三天完整時間，聯合備課、增能與教學設計。跨校教師共同開發「重理解與運用」的課文教學教案、針對整本書的閱讀，設計共讀活動與討論問題等。
>
> 記得2008至2010年間，我在中壢市一所小學前後三年，連寒暑假都不中斷。每個月一次，以工作坊方式陪伴該校「語文編輯小組」的社群專業成長。透過工作坊，社

群老師的語文教學專業概念，從模糊到願意嘗試，從小小改變到願意分享。最後，社群老師在行政的協助下，更主動安排了社群同學年間的「同課異教」的教學觀摩與研討。

除了臺東與中壢的例子，最讓玉貴老師覺得有意義的是金門縣烈嶼鄉（小金門）三個學校間的策略聯盟，從2009至2011年每學期期中兩天、寒暑假各三天，為期三年，針對語文基礎能力、文本分析、教學設計、備課觀課記課議課、詞彙教學、閱讀教學、作文教學、讀寫結合為老師增能。每次工作坊結束後，才正是回班實踐的開始……

玉貴老師覺得在臺東、中壢與小金門為專業發展社群增能別具意義，她說：

大家都覺得專業發展很重要，目前看起來到處都有教專與社群的火星。但是，如果我們希望的是點燃教師專業發展的「火種」、「火把」、「火炬」，而不是「火星」的話，需要一些特定的條件，例如：1.願意排難的行政。2.熱心不計較的領頭老師，一群有共同志趣的夥伴。3.社群夥伴最好有一、兩節共同不排課時間以進行每（隔）週專業對話。4.具引導實務教學設計的帶領人。有了行政、老師、專家、時間的支持，便能把專業社群「兜」起來、繼續「兜」往專業發展之路邁進。

上述四個基本核心的條件，被一個更無形無價的內在趨力驅動著，那就是每個老師內心對「專業發展」的渴望。無論花東或離島，都有真實可信的正向案例。

## ♡ 兩岸交流　吐擔憂

玉貴老師自謙不知道自己憑什麼獲得2010年全國第一屆師鐸獎。其實，她做了許多教師專業領導扎根的工作，一磚一瓦，一雕一鑿，一樑一棟，非常扎實。從她2002年1月至2010年4月的資料來看，八年內總計至各校分享教學實務達1368小時。從專業分享時數看來，這個全臺紀錄短時間內可能很難被打破。

希望從教學演示中驗證課程理論

玉貴老師課前構思周密、教學實踐扎實，課後反思深刻，這樣架構出來的語文課程，不但受到臺灣老師的信服，2001年起還先後受邀至香港、馬來西亞、中國教學演示、專題講演、舉辦工作坊、觀課評課。她說：

中國辦語文研習總有「現場觀摩課」與「即席評課互動」。研習會場的正中央，擺的是一班學生的課桌椅，透過現場教課，以展示教學理念。

兩天研習，可同時觀摩十來位來自全國的著名特級教師現場教學，實在是收穫滿載啊！

玉貴老師語帶感慨的說：

我真的認為現今臺灣已有不少的「得獎教案」，但「現場教學」卻相對稀少。教案用「說」、用「分享」的，絕不會卡住；但是，「現場教學」展示的是老師對學生的理解、對目標的掌握、對教材的理解、對學生反應的品質……等，盡是展現教學專業的真功夫。

因此，玉貴老師在各校群、各縣市社群工作坊時，會將中國小學語文特級教師教學影帶，用「觀課、記課、議課」的方式，讓老師藉由觀摩提升語文教學實務能力。

玉貴老師也表達她對臺灣小學老師教學專業的殷殷期待：

我已走過臺灣所有縣市，每每工作坊結束後，我謙虛的詢問研習老師回課堂嘗試的可能性為何？經常得到的回應是：「趕課都來不及了」、「我的學生不會思考」、「我們鄉下小孩不愛講話」……

其實，中國的語文課比我們更趕，小學語文一學期最少通常要上30至40課，每課約只能花兩節就必須上完。同樣的，我在中國舉辦工作坊結束後，探問參與老師回課堂嘗試的可能性？他們總是困惑的看著我，彷彿我問錯了問題，回答說：「當然是要試的！當然。」然後反問我：「不然，我們為什麼來學習呢？」

也許你也會和我一樣認為中國老師只是說說場面話，但

是，她隨即又補充了2010年的一次經驗：

> 2009年暑假，我到浙江為「中國第一屆骨幹教師班級讀
> 書會培訓班」上為期兩週的工作坊課程。一年半後，
> 2010年11月寧波教育局邀請我入班觀察該縣2009年參與
> 培訓教師班級讀書會運作情形。我真不知道該欣慰或失
> 落，只能感嘆的說：「他們真的通通都學走了，靈活運
> 用的廣度與深度，比有限的十四天所學多更多。」

玉貴老師深思後說：

> 也許因為中國有教師分級制，老師們很清楚專業是發展
> 唯一的途徑，唯有競爭才能出線。相對的，臺灣的教師
> 專業發展一向全憑教師個人內在意願與動機決定。

說著說著，玉貴老師猶疑的表達了她對教師分級的看
法：

> 其實，我心中的理想狀況是：即便沒有外來考評，老師
> 也能主動積極專業發展，深知自己正是教學與專業發展
> 的主體。

玉貴老師把話題轉回臺灣，因為那才是她最關心的。她
說：

> 雖然不少研習主辦單位對老師們在研習的表現有所詬
> 病，例如，帶作業到研習會場批改、不擅於參與討論、
> 被動參與人來心不在、不少老師幾乎不參與研習增能。

然而，玉貴老師有她兩面思考問題清晰獨到的看法，她
說：

我們應該把完全不參與專業發展這個現象先區分出來，因為那是需要教師評鑑或教師分級才可能解決的問題。我們更應關心，無論臺灣哪個鄉鎮、哪個角落、哪個小學校，都可見盡心教學、積極學習的老師。我們要問的是：是否為有心專業發展的老師，提供循序、系統、有品質的教師專業發展課程。

以我的標準來看：臺灣小學語文各式各樣的增能研習的「數量」，其實不少，不少縣市研習甚至多到讓老師覺得是一種干擾。臺灣也不乏「品質」不錯的研習。但是，對於教師專業發展「序階性、進階性、長期性、系統性」的培訓，真的很少。

## 玉貴老師再次舉出中國培訓老師「班級讀書會」為例：

他們在2009年舉辦「全國第一屆班級讀書會骨幹教師培訓班」，為期兩週，接著建立特定網頁，讓來自不同省分縣市的老師即時上網交流教案、實踐經驗。代表各省縣市學校受訓的老師，在轉化實踐所學一段時間後，必須為各省縣市老師公開分享學習所獲與實踐經驗，並年年調訓當初參與學員持續增能至今。

## 玉貴老師批判的質問：

臺灣小學哪一類專業培訓比較定期、長期？應該算是主任、校長儲訓培育班吧。可見，臺灣實質著力的「教師專業發展」，還是以側重「行政」的角度在思維與運作。

## 十幾年來玉貴老師努力在實小、在全臺所能影響的小角

落，努力提供臺灣教師領域專業增能。但對照中國全面性、系統性、中央集權性的領域教師專業發展做法，並親自與中國教壇新秀、名師、骨幹教師、高級教師、全國著名特級教師接觸相處，感受到對岸在專業學習動力、吸收領悟力、轉化與實踐的速度與強度後，眉頭愈顯深鎖……

哪裡需要灌溉，玉貴老師就到哪裡

## ♡ 小結

回顧與玉貴老師的訪談，發現她在教師專業發展所扮演的領導角色與常見做法顯然不同。

在對象方面，立足校內，走遍臺灣，跨過海峽；在時間方面，長期深耕；在校內專業領導方面，「思維」先於「作為」、「家常」勝於「精品」。

玉貴老師務實的利用夥伴彼此的語文課堂，透過同儕彼此觀課記課，綜合討論課堂，藉此培養對語文教學的「思維力」。玉貴老師認為：唯有如此，老師才能不靠外在、專家，

帶著能力走上專業之旅。

　　她在校內陪著老師透視與探究的是「課內語文教學基本功」，而非目前受矚目的「創意教學」、「議題融入」、「電子書包」、「電子白板」或飄向「雲端」。玉貴老師認為上述議題也非常重要，但是「語文教學基本功」應該先於上述議題。一旦落實了「有步驟」、「有策略」、「有機整合」的語文教學，上述議題與做法，自然會成為語文課堂的重要元素。這是為什麼玉貴老師的專業領導讓人感覺樸實家常的原因。

## 【心靈小品】

　　玉貴老師曾形容自己的日子好大一部分重心，像是為領域會議而活。彷彿日子只分成兩種，一種是開領域會議的日子，一種是準備開領域會議的日子。原來，優雅的領導來自事前充分的準備與長期摸索深耕，領導的前提，唯有先充實自我。

　　還記得，2011年3月日本發生大海嘯，造成福島核電廠輻射外洩，危機受到世人關注。隨著情勢數變，從電視轉播上看到日本民眾對東京電力公司高層主管，在處理危機時不疾不徐的表現，給予不及格分數，對於公司的領導作為甚為不滿。

　　而另一位政壇上的領導者——擔任日本政府發言人的內閣官房長官枝野幸男，他自從災難發生，一天平均召開2至5場記者會，面對媒體時勇敢面對每一個問題，而且沉著冷靜、應對得體，以理解問題的所在，並關懷民眾的需求，大大的贏得日本民眾的信賴。這與玉貴老師的「以人為本，細膩關注人心」，都在提醒我們，理解同伴的想法與關懷同伴的問題，是領導成功的不二法門。

## 延伸思考與討論

1. 從玉貴老師的故事中，您看到她如何引領老師們尋索適合學生需求的教學方法？

2. 在教師專業發展策略中，怎樣的作為才能體貼老師而又能聚焦在提升學生的學習？

3. 您認為有效推動教師專業學習社群的實務發展，需考量哪些要素？

# 【Chapter 4】

## 熱愛教育勤奉獻
## 僕人領導服務心

【訪談 / 撰稿：高紅瑛】

受訪人：鄒玉秀

職務：光復國小資優班教師 / 教學輔
　　　導教師 / 綜合領域召集人

領導組織：教學輔導教師社群 / 綜合領
　　　　　域社群 / 生命教育工作坊

不要著急，我們所走的路即使是一條盤旋曲折的山
路，要拐許多彎，兜許多圈子，有時我們好像背向目
標，其實我們還是愈來愈接近目標，有時為了達到目
的，不能一味的堅持己見，應該試一試別的方法，甚
至是一個看起來似乎較為遙遠的方向。

——法國作家　勒農

新時代領導角色不是那顆明亮的大珍珠，而是串起一
顆顆珍珠的那條線。

——光復國小　鄒玉秀老師

## ♡ 身為教師既榮耀又備受恩寵

「教師難為」幾乎是現代老師的共同心聲，學生尊師重道式微，校園事件層出不窮，家長強勢介入下指導棋！究竟教書工作有多難為？畢業於臺北女師專（臺北市立教育大學前身），曾獲臺北市中小學科學展覽會優良指導教師銅質獎，近年來又是專題式網頁競賽的常勝軍，2009年更榮獲臺北市特殊優良教師的鄒玉秀老師，持續在光復國小服務了三十二年，曾擔任過五年的普通班級任和二十七年的資優班老師，歷經教書工作的酸甜苦辣之後卻說：身為教師是一件榮耀又備受老天爺恩寵的事。

魔羯座的玉秀老師個性誠實穩重，處事積極負責，教書過程中不斷自我砥礪，增長專業知能。平日她喜歡練瑜伽，也喜歡參加讀書會。踏上講臺之初也曾走過許多曲折陡峭的山路，拐了許多彎，但她不輕言放棄，反而愈做愈起勁，愈做愈快樂。

因為得獎無數，有天她以護貝過的獎狀充當學生的墊板，學生們都說太奢華。她說她確實喜歡得獎的榮耀與肯定，但是帶領學生獲取獎狀的過程更令她貪愛難捨，師生從過程中建立深厚情感，相互激發創意，彼此加油鼓勵，除了向知識領域

榮獲98學年度特殊優良教師

的金字塔頂端攀爬外，更有心靈的交相輝映。

　　已是醫生的畢業生會因感情問題回到學校找她哭訴，參加國際科展、組織高中樂團得獎的校友們喜孜孜地來報訊，靦腆的小男生因原班考試受挫也會來資優班教室訴說委屈，情障的資優生總愛賴在她身邊說：「我好愛聽你說故事！」玉秀老師說這些點點滴滴比得獎更令她難以忘懷！她還沒想退休，因為她怕學生會找不到她。

　　教書多年的玉秀老師不但樂為人師，更覺得能身為老師是上天最大的恩寵，因為：

> 擔任教職可以讓自己的生活與生命相結合，在工作中既可以有穩定的經濟收入，而且透過引領學子，也提升了自己的生命高度，行有餘力，還可以走出教室幫助同事，帶領同事一起專業成長。我前輩子一定做了什麼好事，今生才有幸成為教師。

　　「真正的大師不是擁有最多學生的人，而是協助最多人成為大師，真正的領袖是協助最多人成為領袖。人的一生不在於你超越多少人，而在於你協助多少人不斷超越自己。」這一段話深深烙印在玉秀老師的腦海裡，並且落實在她的教書生涯中。

　　當玉秀老師面對學生的時候，總是積極營造愉悅的氛圍，引導學生樂於學習，並鼓勵學生從小就要立下志向，編織美麗的願景，然後逐夢踏實。她不斷協助學生超越自己，希望有朝一日每個人都可以擁有自己的一片天空。

營造愉悅的上課氛圍

　　當她下了課與同事相處的時候，最喜歡和同事分享她的教學經驗。例如，提高學生閱讀興趣的策略、自己設計的教學計畫與學習單、校外研習所得到的寶貴資料，只要她覺得對同事有幫助的，她總是迫不及待地與同事分享。當同事將她的資料派上用場時，她就覺得很快樂，因為她真正體會到「分享的快樂，遠勝於獨自的擁有」。

　　除了分享教學經驗之外，她更關心周遭同事的心情，一發現某位老師神情有異，就會找機會和那位同事聊天，詢問對方心情悶悶不樂的原因。因為她知道唯有快樂的老師，才能教出快樂的學生。

　　當我看到某位老師好像有心事而無法專心教書時，就會設法找機會接近他、關心他，詢問造成他沒辦法專心教學的原因。是孩子的教養問題？是家庭經濟的壓力？還是個人的婚姻經營？

　　通常玉秀老師傾聽了同事的心事之後，除了同理、接納之外，總會幫忙設法尋求解決問題的方法。如果一時無法解決，

她會鼓勵同事加入「教學導師社群」、「生命教育工作坊」或是校內社團活動，希望藉著社群的力量，大家一起腦力激盪，即使有時好像兜了圈子，有時好像又回到原點，但是只要願意一試再試，一起加油打氣，最後問題都能獲得解決。她認為：

> 在社群裡只要你願意，每個人都可以放心的談心事、吐苦水，也可以分享快樂或回顧自己走出困境的心路歷程，提出一些建議給正陷在困境裡的同事參考。社群是個相互支持鼓勵的園地。

玉秀老師從樂於個人分享到社群互動，她覺得利用社群的分享活動，更能幫助同事，所以她除了努力當一位好老師之外，十年前即開始嘗試帶領一個以生命教育為主的工作坊，更積極參加了學校的教學輔導教師社群，以及帶領綜合領域的教師一起專業成長。即使再忙、再累，她一點也不覺得苦，因為她的座右銘是：

> 不要單單滿足於聽別人的故事、不要滿足於知道發生在別人身上的奇蹟，努力展開自己的神話吧！

玉秀老師時常與同事一起分享和討論

##  串起珍珠項鍊的那條線

> 新時代領導角色不是那顆明亮的大珍珠，而是串起一顆
> 顆珍珠的那條線。

玉秀老師覺得學校每個成員都是一顆顆寶貴的珍珠，她希望自己能把這些散落四處的珍珠連串成一圈圈圓滿的項鍊，因為團結就能散發耀眼的光采，數大就能擲地有聲，不但有能量幫助別人，又能常保自信快樂的神采。

教學認真又熱心助人的玉秀老師，原本就是教學輔導教師的最佳人選，2005年在教務主任的邀約下，她接受推薦參加教學輔導教師培訓，以儲備更多助人的能量。她說：

> 參加教學導師的培訓，讓我獲得許多能量，其中最大的
> 幫助，是提升了教室觀察的專業能力，學習如何觀察教
> 師的發問技巧，如何觀察教師上課中的移動。這種專業
> 的教學觀察既具體又客觀，能夠有效地幫助教學上有困
> 難的老師。

在大手牽小手的教學輔導教師制度裡，教學導師除了要協助夥伴教師的課程設計與教學、班級經營之外，親師溝通及生活適應也都是關照的向度，因此，教學導師必備的能力涵蓋了專業知識、技術和人際關係三個層面。

受過培訓之後，玉秀老師陸續協助了多位夥伴教師度過困境。其中印象最深的一位是修讀教育科系以及法律系的雙學位老師。新進教師的她在課程設計與教學上駕輕就熟，只是在親師溝通上出現了一些小狀況。例如：

那一年剛好家長會長的女兒在她班上，會長有時會請她多「關照」一下。處事正直又修讀法律的她，不肯允諾，後來演變成「老師不知變通」、「故意表現清高」，甚至「抹煞學生的努力」之類的傳言，只因一點小問題，親師雙方鬧得很不愉快！

身爲教學導師的玉秀老師先與夥伴建立友好互信的關係，再以朋友的立場傾聽老師的心聲與看法，覺得夥伴教師以她的立場來講並沒有錯，但是玉秀老師引導夥伴教師思索、找尋較可行的方法：

> 我們是否可以稍微變通一下，當然公正的原則還是要存在，但是在溝通技巧上可以更圓融，老師的身段可以更柔軟。

後來夥伴教師終於學會了柔軟的溝通技巧，化解了一場親師間的衝突。

另一位夥伴教師班上的外掃區在大操場，學生剛升上五年級，不懂得打掃大面積場地的方法，常常到升旗時操場還四處可見落葉與垃圾，讓主持朝會的訓導主任相當苦惱，於是請玉秀老師居中協助。

玉秀老師觀察了幾天，發現夥伴教師確實是分身乏術，既要管理打掃教室的學生，當然就沒辦法好好指導外掃區的同學，於是她的做法是：

> 我找老師聊天，她也說出自己難爲的地方，如操場範圍那麼大，落葉那麼多，學生真的不知道要從何做起……。我以徵求她同意的口吻，提出了我幫忙指導外掃

區、她負責管理教室的方法，她欣然接受了。我覺得要
幫忙，一定要徵求對方的同意，這樣才是比較周到圓滿
的做法。

除了幫忙解決困境，玉秀老師也常常與夥伴教師一起研發
教材，更常利用見面的機會，苦口婆心地提醒夥伴教師：教書
是一件有意義而且令人喜悅的工作，不要怕失敗，只要踏穩腳
步，總有成功的時候，希望年輕老師能夠及早建立信心，把教
育當作一生的志業，好好的經營。

由於玉秀老師同時還帶領了一個「生命教育工作坊」社
群，所以在教學導師社群裡，她不是領頭羊，但是她會幫忙推
薦適合的人選出任，自己則當幕後推手。她發現很多老師都有
潛在的領導才能，也有意願付出，只是缺少臨門一腳，推他一
把的力量，所以她總不吝惜舉薦人才。

> 我覺得人與人之間應該要互相抬轎幫襯！我把她推到前
> 頭，推薦她當召集人，我自己一定要在背後幫忙。像上
> 一次我們需要利用中午時間聚會卻短缺餐費，我就跟召
> 集人說經費我來出，召集人聽到我要自掏腰包請大家吃
> 午餐，也趕緊共襄盛舉，最後我們兩人各出一半。我就
> 是這樣的一個幫忙壯膽的角色，也幫忙激發對方的領導
> 力。

班級數多的大型學校原本行政工作就很繁重，社群又
多，如果每個社群都由行政帶領運作，會停滯不前，所以，玉
秀老師覺得可以運用教師領導的力量，以教師領導的角色去補
行政的不足。有時教師領導所產生的效力還比行政更大。由於
行政所提出的指令，聽在教師耳裡，有一種由上而下、被強迫

的感覺，容易產生反彈，如果由教師擔任領導角色，在同儕眼中較容易獲得認同，而且教師領導通常走親和路線，同儕比較願意跟著走。

　　作為一位現代教師領導者走出教室，影響其他教師改進教育實踐，玉秀老師就是這樣的領導者，在校園裡不斷幫助同儕以不同的方式看待自己的角色和專業，在別人需要時就將它當作自己的責任，而當她幫助他人成功的時候，就覺得與有榮焉。玉秀老師永遠是串起珍珠項鍊的那條線。

與夥伴教師研發教材

與同事討論如何看待教師角色

## ♡ 僕人式領導誘發同儕領導力

玉秀老師常說自己不是領導者，只是樂於為同事服務而已。

她平日擔任資優班教學，沒有實際教學綜合領域課程，但是因為她所帶領的「生命教育工作坊」跟綜合領域相關性高，所以，學校行政希望聘請她擔任綜合領域召集人，並推薦她參加領域召集人培訓。她覺得這是一個為同事服務的機會，所以二話不說便欣然接受，並且很高興地說：

> 透過培訓課程，讓我更清楚綜合領域課程綱要與教學目標應如何結合，對於日後參與校本課程的規劃有很大的助益。

正當學校積極規劃校本課程時，教務主任建議由各年級老師自編的校本課程來取代綜合領域的課本，於是請各學年推派代表開會共同設計教材，每個月開會時，各年級代表都得提出兩份教學設計，提出來的教案，還要經過試教並且利用學年會議跟學年老師討論。

> 教務處請各學年派代表參與設計教材的工作，我是領域召集人，在聽過與會者意見之後，發現各學年的代表都覺得壓力很大。

看似簡單的要求，實際進行並不容易，尤其是在執行時需要大家的通力合作。一般而言，設計課程與試教只要老師們願意都可逐步完成，至於討論時間，只有低年級老師才有下午的時間可以對話，中、高年級老師則覺得有困難。玉秀老師站在老師的立場加以解釋：

主任以為各年級原本就已開發一些校本的教材，只要再加以整理或做一些補充就好，這是輕而易舉的事。沒想到，各學年代表都擔心他們設計的教材代表性不夠，難以獲得學年老師們的認同，所以我也只要老師們願意出席領域會議，一起參與課程討論，就算踏出成功的第一步，暫時不提綜合領域課綱的問題。

這段過程雖然不是很順利，但是玉秀老師覺得這也算是一種經驗。何況大家都努力過，辛勤的耕耘，一定會留下甜美的果實。而且在這段過程中發現困難所在，留下教訓，下次重新開始就要試著改用別的方法，才不會犯同樣的錯。她記起法國作家勒農說過：

有時為了達到目的，不能一味的堅持己見，應該試一試別的方法，甚至是一個看起來似乎較為遙遠的方向。

領域會議綜合各學年意見

事後她還回憶起：

當領域召集人依規定可以減課，但學校能夠減的節數實在不夠分配，所以我自動放棄減課，當作義務幫忙，減少行政的困擾。

玉秀老師會願意拔刀相助的原因是：

學校行政給我的幫助也很多，也就是受到校長、主任們的力挺，我所帶領的「生命教育工作坊」社群才能夠在校園中持續運作。

不管是擔任領域召集人或是社群召集人，玉秀老師都覺得這讓她有機會可以歷練自己。在這個運作過程中，她有一個觀念：

就是「概括承受」，譬如當我希望大家來開會，在開會之前，我會先把前置作業做好，並事先擬好一個草案，方便老師們一來就可以進入議題，節省大家的時間。或許透過大夥兒一來一往的討論，原案已被大修，甚或整個推翻，但是我卻非常享受這種團隊合作、集思廣益的運作過程。也唯有這樣的互動，老師們對這個團隊才有歸屬感與參與感。

可見玉秀老師在帶領同事做某一件事時，總是抱著為大家服務，當同事的僕人的信念。一段時日之後，她也希望激發同事潛在的領導力，讓他們也一起盡「僕人」的服務本分，為社群提供更多、更好的服務。她更深切的體認到：

當我發現別人有困難時，我會先補足。例如，開會需要電腦，我會將電腦、單槍全都準備好，包括講綱需要的PowerPoint，我也會幫忙做。不管同事能做到什麼程度

都沒有關係，我會準備好替代方案。如果他能夠做到「頂標」最好，我就不用插手，只要讚歎隨喜；萬一只能做到「均標」也不錯，我只需幫點小忙；如果做到「低標」的話也可以，因為我本來就打定主意要為大家服務，所以不起煩惱心，希望透過一次一次的練習和參與，誘發出社群成員的領導能力。

所以，玉秀老師認為：領導本來就是一種修練，它就像學習腳踏車、游泳一樣，一定要實際去做，愈練才能愈純熟。她摒棄指揮式領導的概念，設法以服務方式代替領導，讓身邊的人潛在之領導力和才能在不知不覺間發展出來。

## ♡點燃生命教育火把照亮校園

玉秀老師早在十年前，即利用課餘之暇參與福智基金會的文教教師培訓，讓她用更深且更廣的角度去體驗生命關懷與學習的課題。她覺得：

> 從培訓活動裡我沉澱了自己的心，並且用更廣大的視野來看這世界，我漸漸明白生命關懷是我們日常生活中都在做的事情，只是我們不知道或不在意罷了。

她更體會到「學習」的重要，尤其身為小學老師更要幫助學生透過學習，讓每個生命活得更有價值，讓生命發光發熱。她沉思了一會兒而說：

> 孩子就像是一張白紙，在上面繪畫，可以是一幅千古名畫，流傳久遠；也可能是一張廢紙，被丟棄於字紙簍中。這全看你怎麼去教育他。

特別是學生的品德與生活教育，玉秀老師常思考要如何爲孩子營造一個良好的學習環境，啓發孩子善良的本性，開展孩子淳厚的潛質，進而懂得愛惜並規劃自己的生命。於是她鳩集志同道合的同事藉著「生命教育工作坊」社群，透過學習、實踐，點燃生命教育的火把。

辦理生命教育工作坊

學校的行事曆中每個月都安排一次教師社團的時間，玉秀老師利用教師社團時間，作爲工作坊的活動時間。每次的研習活動都先發下邀請函，邀請老師們參加，藉著與老師們接觸的機會，探討老師們最感迫切的問題，讓老師們覺得這是一個屬於教師專業成長的團體。她回憶起剛開始嘗試邀請校內老師做教學實務分享的情形：

老師們看到我們所邀請的講師都是他身旁熟識的人，這些老師不是各領域教學的佼佼者，就是班級經營的高手，或是輔導個案的強棒，於是都非常有興趣的參與。

有些與講師交情匪淺者，還會主動贊助研習茶點，踴躍作心得回饋，整個研習過程就在溫馨熱鬧與專業成長的氛圍中進行。

分享者不做長篇大論的文獻探討，而較著重解決問題的實務經驗與心路歷程，因為實用性高，共鳴性強，每位參與者都覺得很受用，很感動，這正是「生命教育工作坊」吸引人的地方。玉秀老師進一步解釋：

> 譬如遇到特殊學生的輔導，我們就會邀請有輔導經驗的老師，分享對特殊學生的輔導策略。現場的老師還可以隨時發問，因為許多老師也對於特殊學生的輔導很苦惱，就這樣為老師們開啓了一個專業對話的平臺。

工作坊的活動是以溫馨為取向，活動內容沒有宏偉的理論，但是每個人都可以得到實質的收穫。例如：

> 學校日之前，我們就安排向來學校日都辦得很好的級任導師來說明學校日該如何準備，讓老師知道原來學校日可以這樣安排，使新手老師有所依循，也讓其他老師見賢思齊。

在工作坊的運作中，玉秀老師鼓勵大家要跨出教室，攜手同心，不要獨自在教室裡苦惱、抱怨。透過成員的互動，交換成功的經驗、失敗的糗事，工作坊逐漸營造了友善校園的氛圍，而且還如漣漪一般不斷往外擴散，老師們愈來愈樂於分享，也開啓了專業對話的機制，這是她原先沒料想到的。

工作坊的研習人數從十幾個人到四、五十人，有時曾經高達六、七十人。當參加的人數愈來愈多的時候，領頭羊不再

是玉秀老師一人，而是由六、七個人所組成的推動小組，這個小組每個星期三中午聚會一次，共同討論擬定一學期的研習計畫，雖然有點辛苦，但是玉秀老師說：

> 因為週三下午學校常安排各類的研習活動，所以我們通常是一邊吃飯、一邊討論，在一點半之前結束，雖然有點辛苦，但每個人都覺得能幫助別人是很快樂的事。尤其當小組所設計的教材、學習單，老師願意帶回教室教學，我們就更高興了。

工作坊的推動小組開會

　　工作坊本學期的課程主題是「蔬食抗暖化」，配合學校推動「週一無肉日」，希望學生愛地球從素食做起。剛好慈濟基金會提供免費的蔬食便當，於是工作坊就與慈濟合作，除了請老師們吃美味的蔬食便當外，研習中還加入「蔬食抗暖化」、「蔬食得健康」的宣導影片，讓原本對「週一無肉日」的意涵

不是很清楚的老師，研習之後就知道應該如何向學生說明爲何要倡導「週一無肉日」。

　　2011年塑化劑風暴愈演愈烈之際，工作坊也應訓導處的邀請，帶領小朋友演出「沒有橘子的橘子汽水」行動短劇，宣導食品安全的重要性。

　　每年學校舉辦母親節園遊會時，工作坊都會主動設攤。這兩年設攤的主題是「知書達禮報親恩」，鼓勵孩子背誦《弟子規》、《朱子治家格言》、《孝經》、《論語》等聖賢經典，學習聖賢的智慧來報答父母養育之恩。推動小組事先準備了許多小獎品，吸引學生「來背經，拿獎品」，也邀請園遊會當天比較空閒的科任老師來當背經檢定的關主。

　　工作坊就是這樣在校園中結合行政與老師的力量，一起來利益學校、老師、學子和家長。

集合科任老師推動背經

　　工作坊運作至今已有十年了，校方一直對工作坊讚譽有加。最讓玉秀老師感動的是：

行政對工作坊的活動一直都相當重視，每次辦活動，行政人員只要有空都會參加，校長有時間也會來加油打氣。研習後，行政還會幫忙登錄教師研習時數。

生命教育工作坊不僅在學校中發揮影響力，只要有機會，玉秀老師還會帶著推動小組出去分享。有一次在桃園開南大學舉辦的全國教師生命成長營，用體驗活動方式介紹讓生活更快樂的法寶——觀功念恩；還有一次是到臺北市忠孝國小作友善校園的分享，五人小組輪番上台介紹「觀功念恩」的教學與融入班級經營。玉秀老師除了擔任講師之一，事前還規劃講說流程，並製作PPT貫串全場。主辦的忠孝國小主任說，這是他們歷年來講師最多的一次研習。

目前玉秀老師已經從推動小組中找好接班人，希望她退休之後，生命教育工作坊能薪火相傳持續運作下去，有更多的接班人繼續帶著老師們專業成長，讓生命教育的火把長久在校園裡發光發熱！

## 【心靈小品】

在《東方之旅》（*Journey to the East*）書中有一個小故事：一群志同道合的人籌劃了一次神祕的東方之旅，旅途中有一個重要的角色，那就是大家的僕人李奧（Leo）。他聽從主人們的吩咐，幫忙打點瑣事，常穿梭在眾人間扮演協調溝通的角色，漸漸地，大家都習慣於聽從他的安排，直到有一天，李奧突然失蹤，眾人居然陷入了一陣恐慌……。此時，大家才深深體會到，李奧已成為攸關全局的重要人物，沒有他的帶領，大家都無法成事。

　　僕人式領導所強調的領導信條就是：要建設一個好的社
會，一個重視公益及彼此關懷的社會，不論強者與弱者都可以
為團體服務，建立僕人領導的機制，讓最像僕人角色的人作
領袖。也就是說：領導的工作可以交由願意為人服務的僕人去
做。成為領導者不是因為擁有某種權力，而是看其可為其他人
作出多少貢獻。

## 延伸思考及討論

1. 玉秀老師認為：「身為教師既榮耀又備受恩寵。」請分享
您自己的體會，談談獻身教育工作的收穫與樂趣。
2. 從玉秀老師的故事中，您發現了哪些成功的教師領導者特
質？如何將其僕人式的領導有效應用在自己學校的教師領
導中？

## 【Chapter 5】

# 以奉獻服務的線
# 串起生命的珍珠項鍊

【訪談 / 撰稿：李建民】

受訪人：蔡富美

職務：富安國小教務主任

領導組織：教學輔導教師、教師專業
　　　　　社群

努力規劃一條屬於自己的道路，讓自己建立一個不可
取代的位置，縱使在奉獻教育工作數年後，自己還是
能夠充滿熱情、活力，覺得有尊嚴。

—— 富安國小　蔡富美老師

## ♡夢想的推手

　　位於淡水河與基隆河交會處的富安國小，雖然地處臺北市邊陲，弱勢學生將近50%，但在校長與老師的努力耕耘下，學校不僅相當重視鄉土與國際觀之教育，對弱勢孩子的扶助更是不遺餘力。近幾年來，富安國小不但教師參加專業發展評鑑的比率達到100%，2010、2011年還獲得臺北市教師行動研究比賽團體組第三名，2012年度更以「教師專業發展」向度榮獲臺北市優質學校。「富安起飛了！」是近年來老師們最大的感受，而領導這群教師追逐教育夢想的重要推手，正是蔡富美主任。

　　大學就讀師大心輔系的蔡主任，一直以輔導工作為一生的志願，在她的教育生涯中，其實也曾遭遇過生命低潮，可是正因為每次總會遇到一個又一個生命中貴人的提攜，帶領她走出失落的幽谷，因此她從事教職工作三十二年，還是對教育充滿熱情與使命感。帶著這樣的心情，每當看到年輕的教育夥伴，她總希望在這些初任教師的教學工作中，也能有人願意以無私的熱情奉獻，來陪伴他們、協助他們，讓這份教育愛能薪傳不熄，相濡以沫。

　　教學年資豐富的蔡主任，提到自己正因為長期在第一線教學現場深耕，所以構思規劃行政工作時，往往更能貼近老師的想法。但也因為行政資歷較淺，她深感自己行政歷練不足，所以，每一次指定教務主任參加的行政研習、研討會，她從不錯過，只要是跟教師專業發展、社群或教學輔導教師相關的研習或會議，她都會參加。

　　研習回來後，她總是努力熟讀相關的手冊、法令、計

畫，經過篩選整理後，轉化成貼近老師想法的內容，再分享給老師參考，以期能規劃更好的制度，提供老師更多實用的資訊，幫助學校教師進行專業成長。這份用心與努力，感動了學校的校長與老師，在取得大家的支持與共識後，讓她能放心持續地規劃教師專業發展，於是構思出「富安教專三合一本位模式」，為學校整合教師專業能力發展的資源，指引每位教師邁向專業發展的坦途。

蔡主任致力推動「教專三合一本位模式」

蔡主任與學校老師參加教學輔導教師培訓

## ♡ 提攜他人　成就自己

　　學校開始推動教學輔導教師制度時，蔡主任就開始構思如何將計畫、經費、人力進行整體的整合。在推薦受訓老師時，不僅校長與教務主任親自徵詢老師的意見，並且努力讓老師體認到：參加受訓是一份榮耀，一次機會，一個栽培自己奉獻心力於教育願景的使命。她總是期勉這些老師：

> 努力規劃一條屬於自己的道路，讓自己建立一個不可取
> 代的位置，縱使在奉獻教育工作數年後，自己還是能夠
> 充滿熱情、活力，覺得有尊嚴。

　　受到蔡主任的感召，每位參加教學輔導教師受訓後回來的老師，都相當感謝主任給予這樣的學習成長機會。而這群被引燃熱情的教學導師，也逐漸成為協助蔡主任推動全校教師專業成長的領頭羊。

> 教學輔導教師就像天使，他撫慰每一顆需要照顧的心，
> 他攜手搭起橋樑，把每位需要幫忙的夥伴帶上來。

　　蔡主任提到教學輔導教師制度，總是相當的讚許，她覺得自己也許沒辦法照顧到每一位夥伴，但是教學輔導教師所共同搭築的團隊，卻可以一起幫助更多的夥伴教師。蔡主任認為：

> 讓這些老師覺得不孤單、不寂寞，隨時有人支持我、幫
> 助我，讓我知道自己是可以不一樣的。

　　這是她最喜歡教學輔導教師的地方。

天使般的教學輔導教師，撫慰每一顆需要照顧的心

## ♡搭建富安希望工程

　　現任吳校長剛到富安國小時，發現該校小朋友的成績都在基本學力平均以下10%到15%。校長當時覺得這個學校一定要在孩子的基本學力方面努力提升，於是就跟蔡主任計畫每年要籌募大約一百萬的補助款，提供學校弱勢孩子每天下午四點到五點半、週三下午、還有夜間及假日的免費課業輔導及生活照護。

　　在校長與各界善心人士的共同努力下，孩子們成長、進步了。在一份親師生「學生學習滿意度調查表」中，有高達95.7%滿意學校在「弭平文化不利的努力」的成效。但蔡主任發現，這時老師更需要跟著成長，因為他們要學會如何帶領這些不同程度與學習問題的小孩，繼續提升他們的學習。

　　於是，她開始規劃如何從省思、對話、分享、行動研究等歷程，並透過教學觀察等模式，以精進教師課堂教學能力。她

觀察到富安的老師都很年輕、熱情，但畢竟教學經驗較不足，所以這一部分就成為她協助老師補強教學專業知能的重要課題之一。

她與校長討論自己的理念與構思後，便開始結合已完成受訓的八位教學導師，負責擔任領頭羊，分成四組，協助規劃、帶領全校教師進行專業社群的成長研習。

在蔡主任的規劃下，學校教師從一對一的教學夥伴關係，逐漸融入到一對多的專業學習社群組織，並透過多對多的幾個教學輔導教師與夥伴教師，共同辦理學校的教師專業發展評鑑。富安國小的「教專三合一本位模式」儼然成形。

不辭辛勞努力付出的教學導師群

蔡主任提到，她很感謝這群不計辛勞與付出的教學導師群，願意協助帶領學校的專業社群。由於他們願意奉獻自己的時間與心力，既不減課，也不需要額外的補助，這種熱情的付出，感動了學校其他老師，願意跟隨他們一起成長。而蔡主任

認為自己能做的，就是幫他們搭建更多的鷹架。所以，她一有機會就推薦這些老師參加各種進修成長活動，帶領他們去研討會分享富安的專業發展經驗、甚至推薦他們擔任校外研習的講座，讓他們在校外的盛大場合裡，展現富安教師的專業與自信。

富安國小在行政與老師一連串的努力下，不僅讓學校學生的基本學力提升了10%，老師也開始營造出專業的對話氣氛，有愈來愈多老師陸續展現出領頭羊的專業能力與成就。

## ♡ 教師領導的永續經營

富安國小教師專業文化的成長腳步，讓蔡主任感受到可以進一步為他們架構更穩固的專業發展基石。

推動學校的四個專業社群，並以兩年為一個社群發展階段，加上結合教師專業發展評鑑，這是蔡主任在教學輔導教師的基礎上，持續推動教專三合一學校本位模式的規劃方向。她並期勉學校老師，在這樣的專業社群學習歷程裡：

> 以八年的歷程培養自己成為一個良師，並依照自己的意向，把教師專業發展的四個向度：班級經營與輔導、課程與教學、敬業精神與態度、研究發展與進修，規劃進自己的教育生涯計畫中。這時候，教師專業發展就像空氣般的自然了。

社群教師享受自主成長的喜悅

　　於是，當時機成熟了，蔡主任開始將專業發展權力放手給各社群老師規劃，並努力協調各處室工作行事曆，簡化不需要的研習，每學期至少安排六週的共同時間，讓教學導師去規劃各自社群的專業成長：

> 我覺得當老師享受到自主成長的權利時，也會看到教學專業的使命與責任。當教學相長的成果是很美的時候，他們會如同一顆顆的珍珠，看到彼此散發出來的生命光彩。

　　蔡主任認為唯有這樣，教師專業發展的動力才能持久，甚至未來當她不擔任教務主任時，教師專業成長的路也不會因此而延宕、甚至消失。

## ♡ 有願有力　超越自我

　　提到教師領導的困境，蔡主任認為：

> 一個人最大的困難是自己，如果你可以說服自己，有願
> 就有力。

她覺得任何工作一定會有困難與挫折，但是當覺得對老師們真的很有幫助，並決心要推動這份工作時，所有的困難與挫折，自己就會想辦法消化和吸收，所以蔡主任始終認為自己是：

> 以美好的心情、以成就教師的願力、以化繁為簡的貼
> 心，默默為老師推動這份教育理想。

提到教師領導制度的成功因素，蔡主任認為是校長的決心，也就是校長的決心對教專三合一制度的推動有相當大的影響力。她提到吳校長相當支持教師的專業社群或工作坊，不僅全程參與，也主動提供各社群經費、資源的協助。當老師看到校長的決心與願力時，跟隨校長、主任腳步的意願會更強，也會更有信心持續走下去。

校長的決心與願力，讓老師更有信心走下去

在行政支援部分，蔡主任覺得她堅定的行政信念有兩個：一個是換位置不要換腦袋，不要忘記初衷，不要忘記老師們的需求，不要忘記老師們的渴望；另一個是換位置也要換腦袋，因為領導者要有更多的學習與成長，才有能力擔任領頭羊，帶領夥伴往前走：

> 除了帶領夥伴為教育奉獻，也要帶領他們成長。不要讓他們覺得自己的奉獻與成果被剝削，而是看見自己的成長、自己未來的發展與使命，這才是一位行政領導者對他的夥伴、對老師真正的愛。

蔡主任在教師領導上，期許自己必須先以身作則，努力無私地付出，做一位能熱情、關懷又有績效的領導者。成就自己也要成就別人，因為只有雙方一起成就，彼此互相感動，這樣的成長效益才會持久，這樣的教育生命才真正有價值與光彩。

蔡主任協助夥伴看見自己的成長與使命

## ♡ 跨越學校藩籬，感動更多的老師

到各校分享富安經驗時，蔡主任發現其他學校推動教師

專業發展所面臨的問題，大多是覺得行政事務很繁複，推展不開。這時，蔡主任總是以自己對教育的熱情與使命，感染在場他校行政人員或老師，並透過自己努力深耕教專的經驗傳承與無私的資料分享，包括各項書面、電子檔等資料，讓這些同在行政工作崗位的教師，能更有信心推動教學輔導教師制度或專業社群等專案。

提到理想與現實的落差，她總是期勉他校教務主任：

不要氣餒，做多少算多少，只要確定是帶領老師往正確的教育之路走。

她認為：

在教師領導這條路上，當你自己做得更好，當你的心夠喜樂，自然而然就可成為一塊磁鐵，不斷吸引學校老師的信任與跟隨；如果始終無法吸引別人，就要自我省思哪一部分需要更努力了。

蔡主任至新湖國小進行經驗分享

# ♡ 用生命在感動生命

一個新制度剛開始推動，老師一定很害怕。蔡主任認爲這是很自然的，不要怪罪老師，但她始終有一個信念——用生命感動生命。她深信自己的努力與付出，一定可以做到讓對方感動，讓對方願意跟隨自己，所以她認爲：

> 其實領導是一種影響、感動，然後讓對方跟隨。教師領導不是以管理的態度，而是採用以身帶領的方式，將所有老師覺得很麻煩的事，自己先承攬來做，久了，老師因感動而回饋與投注的能量，反而更超乎自己的預期。

她提醒所有的教師領導者，當老師最感到害怕的時候不要硬拉他，自己先做示範，讓他感覺到其實沒那麼困難。當他再靠近一步，自己就可以再退一步，然後慢慢、慢慢地就可以把他帶上來了。

感謝張德銳教授蒞校指導

　　回顧自己的教師領導經驗，蔡主任認為這是：「用生命感動生命的旅程。」她以服務領導開始，用生命來感動生命，然後與老師一起成就教育的成效。她欣喜地說：

　　自己就像是串起珍珠項鍊的那一條線，別人看不到辛苦、看不到功勞，但那卻是一條無可替代的線。

她回顧這些年來的努力，感動地說：

　　我把富安國小的每一位老師，像珍珠般地串起來，然後變成一條珍珠項鍊，讓人家看到富安的學生學習起飛了，讓人家看到富安的教師專業成長了。正是自己所扮演的那一條毫不起眼卻又無可取代的線，鼓勵著自己繼續保持熱情，期勉自己努力用生命來感動更多的生命。

## 【心靈小品】

我願是滿山的杜鵑
只為一次無憾的春天
我願是繁星
捨給一個夏天的夜晚
我願是千萬條江河
流向唯一的海洋
我願是那月
為你，再一次圓滿

如果你是島嶼
我願是環抱你的海洋

如果你張起了船帆

我便是輕輕吹動的風浪

如果你遠行

我願是那路

準備了平坦

隨你去到遠方

——蔣勳，〈願〉

　　富安國小的蔡富美主任，雖然身處臺北市郊的小學，面對有限的資源與弱勢的學童，但她不放棄每位孩子與老師成長學習的機會。她放下行政的身段，化身為細小卻充滿韌性的絲線，以細膩的思維，真誠的付出，一顆一顆地串起每位具有潛力等待發掘的教師。她以生命的願力成就了富安的教師成長動力，讓每位老師建立對專業教學的自信，找回對教育的熱誠與希望，更找到自己內在生命的珍珠，共同與孩子打造出富安美麗的珍珠項鍊。

## 延伸思考及討論

1. 「品質是價值和尊嚴的起點」，如何激勵教師的熱情活力與專業提升？

2. 富美老師凝聚教師的力量，搭建富安國小的教育希望工程，有哪些地方值得取法？

# 【Chapter 6】

# 在生命轉彎處遇見愛

【訪談／撰稿：胡慧宜】

受訪人：林鴻儒

職務：弘道國中教師兼教學組長

領導組織：教學輔導教師、教學組、
教師會

從心出發，付出真愛！

營造團隊歸屬感，激勵企圖心，是學校向上提升的重
要力量。

——弘道國中　林鴻儒老師

## ♡ 緣起

在弘道國中細雨斜飛的校園裡，隆冬凜烈的冷風，翻擺著小葉欖仁低垂的枝葉。蓊蓊翠綠後，掩映著田徑跑道亮麗的艷紅。寂靜中，跳動的生命力，一如初次電話接觸，接收到鴻儒老師的聲音時，感受到的溫潤如玉；亦如雖初見但深談後，所感受到鴻儒老師對教育工作擁有澎湃熱情，對同事則付出溫暖關懷。

在滴答雨聲與濃醇咖啡香所營造出的感性氛圍下，鴻儒老師慢慢打開時光寶盒，訴說一段段與夥伴教師相濡以沫、與志氣相投的同事彼此激勵支持的故事，並試著理性檢視與細細剖析這段歷程，釐清深藏其中的脈絡，並賦予其有關教師領導豐富精彩的肌理。

對於說故事的人與故事中出現的角色而言，這個故事也許跌宕起伏、引人沉吟，也許只是生命過程中，無心插柳的偶然。但對於學校發展的軌跡，與教師領導議題豐盈度的貢獻上，必有其值得肯定的價值與定位。

## ♡ 生命的偶然　歷史的必然

弘道國中位於臺北市治安良好的博愛特區，四周多為政府機關或是學校，環境單純。設校四十餘年來，擁有巍峨雄偉的校舍，青蔥蓊鬱的校園，敬業樂業的老師。學生專心向學、循規蹈矩、氣質優雅，擁有優良的校譽與樸實的校風。家長社經地位，相對於其他學校顯得高且整齊，是多數人嚮往的學園，家長心目中的優質學校。在眾人艷羨的目光背後，其實，弘道國中也曾經有過低潮──校舍外貌灰暗、教學設備及廁所年久

失修，行政、教師、家長多角拉鋸，互不相容。當時行政人員異動頻繁，經驗傳承嚴重斷層，影響服務品質，教師教學理念與家長期待無法連結。

2000年，初任教師的鴻儒老師身處其中，感受尤深。九年一貫課程開始實施之時，學校面臨了迴異於傳統運作的決策模式。本來是由校長一個口令、一個動作「上對下」的行政體系，演變成許多的「委員會」跑出來。老師的聲音變得很重要，學校的事情怎麼做，發展方向往哪邊走，都由老師與老師組成的會議討論之後作決定。這樣的會議也相對變成老師情感間的另外一種衝突。鴻儒老師舉例說：

> 九年一貫剛開始分配各領域授課節數時，同一個領域中所包含的不同科目，都要爲自己爭取節數。最後，交給各領域共同決定，在課發會議時，教師同仁之間的爭執與衝突就很難避免。

鴻儒老師表示：那其實是一段動盪的日子，置身其間的人，身心與情緒穩定度各方面，多多少少都會受到一些影響。

## ♡ 環境雖造人　善緣自可結

在那一段日子裡，不同教師族群間，因爲觀念、利益的衝突，讓教師間的氛圍產生一些隔閡。在這樣的衝突和隔閡之下，新進老師到了某個辦公室，其實不是學校文化在影響他，而是辦公室的文化在影響他。鴻儒老師說：

> 我們看在眼裡也很難過。有些老師不能以公正、正面的方式去面對事情，而會採取比較偏激的方式抗爭。如果校長沒有辦法或是不願意作決定的時候，老師的強力抗

爭，會讓學校的行政主管妥協。我們不願意見到這種狀
況，我們希望用公平、公開的會議，大家理性的討論問
題，當然更不希望看到新進老師受到這樣子的影響。

希望學校應有的正向文化，能夠大過辦公室文化對新進
老師的影響，是弘道國中教學輔導教師群一直秉持的理想。所
以，鴻儒老師的前輩們就勇敢站出來，形塑出一個支持、公
開、互助的模式，幫助新進老師成長，慢慢轉變學校的文化，
這是一個教師自發的過程，鴻儒老師認為動力源自於：

看到新進老師，就像看到我們剛進學校的樣子，所以，
我們能夠儘量去協助，希望幫助他們走過學校文化陌
生、環境陌生、學生家長陌生，樣樣都陌生的艱困時
期。這是我們教學輔導教師願意一直努力的地方。

2003年的一個經驗，讓鴻儒老師受到很大的衝擊。當時校
內資深老師擔任行政工作的意願不高，所以常有新進老師新來
乍到，就要擔任工作繁重的「大組長」，如教學組長，然後再
接著擔任導師，這對於初任教師是一種震撼教育，有的會出現
不適應的狀況。曾有一位老師因此出現相當嚴重的情緒困擾，
甚至說出「不想活了」這樣的話語，最後離開了教職。

鴻儒老師客氣地表示，自己並非有什麼了不起的理想，只
是從初任教師到熟稔教育工作，一步步走過來，點滴在心頭。
回顧別人的提攜，深刻感恩；見別人受苦，鴻儒老師總希望自
己有能力伸出援手，並給予溫暖與支持，另一方面則期待改變
學校的制度或氛圍，讓悲劇不要再出現。

他回憶自己是從2006年開始，以夥伴教師的身分加入教
學輔導教師團隊。這個團隊約有五至六名成員，包含教學輔導

教師、夥伴教師，以及新進教師。成員定期聚會討論，建立共識，擬定目標。例如，有一年設定的目標是教學檔案的製作，上學期安排講師到校演講、下學期則進行實作。團隊教師自動自發的做，發揮領頭羊的功能，進而將這種氛圍自然而然地擴散至全校。鴻儒老師也藉由參與教師團隊運作，持續的行動、對話、研究中，學習付出，勇於承擔，樂在服務，多年來不知不覺成為實質的教師領導者。如果是由行政主管來主導，效果或許沒這麼好。

教學輔導教師在薰衣草芳香裡「樂在教學」

2008年，鴻儒老師年資滿八年，獲得學校主任的推薦，在市立教育大學受訓，取得教學輔導教師證照。慧眼識英雄的主任表示，推薦鴻儒老師，是因為他在2003年具有藝術與人文領域召集人的經驗與豐富的學科專業，能兼顧到領域中各學科的均衡發展。另一方面是因為他持續的參與教學輔導教師團隊運作，具備多年的夥伴教師經驗。透過長期的觀察，更能深刻瞭

解、同理與接納新進教師遭遇的困難。三方面也因其累積的年資夠深，對學校環境、人文脈絡與資源流動相當熟悉，有足夠能力協助新進者。當然，熱情助人、不吝分享的人格特質，亦是成爲教師領導者的關鍵因素。

鴻儒老師語重心長地分享自己的省思：

> 2009年成爲教學輔導教師召集人，才慢慢瞭解，選擇教師領導者眞的需要就教學經驗、學科專業與人格特質做全面考量，才能讓教師領導的力量朝正面方向發展。彼此分享正向能量，因爲付出而獲得滿足，因爲獲得共鳴，能量更爲充沛。我相信這一股力量就像被點亮的火把，一開始可能比較微弱一點，可是我們如果能夠互相打氣，彼此相互支持，這火把就沒有熄滅的時候。

鴻儒老師參加儲訓，弘道教輔團隊帶來豐盛的補給品

## ♡ 萬般諸善緣　皆起自本心

從夥伴教師到教學輔導教師，一路走來，鴻儒老師扮演過許多不同的教師領導角色：從2000年初任教師擔任學務處的副組長、2003年擔任藝術與人文領域召集人、2007至2008年擔任學校的教師會長。鴻儒老師認為：2008年的教學輔導教師的培訓，是能讓人省思投身教育初衷及激發教學熱情的課程。在整個過程當中，教授講的，其實不過就是帶領大家從「心」去思考：我們為什麼要當老師？因為在學校現場，處於學校文化既存的不同拉扯力量中，老師常常會迷失初衷，從沒有嘗試釐清：面對孩子的時候，考慮的是孩子，還是自己？這個東西，鴻儒老師在教學輔導教師培訓研習的時候看到了、想到了。他回顧當時的心路歷程：

> 其實最重要的是：我回頭看自己，看我自己為什麼站在這個點上，我未來會往哪裡走，我看到學生的成就的時候，為什麼會這麼激動，我慢慢才知道：學校的舞臺是給學生的，老師應該是把學生捧上舞臺，成為隱藏在後面支持的那股力量。所以，回歸到學校的教學體制中，就會知道我該做些什麼。

2007、2008年擔任學校教師會會長期間，不管在教師會會長培訓，或者是在教師會會長的會議中，總會聽到各種不同的領導方式與教師團隊運作手法。但是，鴻儒老師還是覺得最能讓他感動的是：教學輔導教師由「心」開始，從內心深處油然而生，強烈悸動，願用「心」去做，跳脫方法和技術的層次。因此，他常透過各種管道跟主辦相關研習的教授或講師反映，讓教學輔導教師回去充電。鴻儒老師是這樣思考的：

教學輔導教師的培訓方式，是點亮你心中的那一個火把。可是這個火把會燒光，除非是慢慢、慢慢的這個人已經可以自燃，慢慢有管道或方法，在散發出光芒的過程中，也獲得同儕給予的燃料，否則大部分的教學輔導教師到最後都會沒電。沒電的原因，可能是他碰到的困難比他想達到的目標還要沉重，所以他就會選擇退縮。

其實在帶領教師的過程中，鴻儒老師也有過挫折的經驗。他帶過的夥伴教師都不是同領域的教師，所以在教學上其實很難對他有直接的幫助，只能在行政上或者是導師班級經營方面的支持上著力，在教學上就必須尋求另外同領域老師來幫忙看教學，也就是以小組的狀況協同合作，而非一對一的方式。鴻儒老師覺得這也是好事一樁。

如果輔導的夥伴教師年紀輕，脾氣倔，很難和別人溝通，鴻儒老師就會善用當時兼具的教師會會長身分，幫助他和同儕溝通，也帶領他參與教師會的活動，逐步融入教師團隊中。因為脾氣的剛硬，難免在班級經營、親師互動的過程中遇到一些挫折，此時，教學輔導教師的關懷、用心的陪伴與耐心的等耐，是協助其學習成長最重要的支持力量。

鴻儒老師強調：教學輔導教師其實是一個帶人的工作，不能要求一蹴可及，必須因時因地因人制宜，逐步克服不同的困境。因應任教領域不同的困境，鴻儒老師會將入班觀察的重點稍作調整，把班級經營和學生輔導放在優先序位上。前述的案例，讓鴻儒老師有機會運用儲訓時學到的方法和技能，獲得的成就感與能量，讓鴻儒老師持續把「教師領導」的「火把」點亮不少。

輔導另一位專長在學生輔導方面的王老師，則是比較失落的經驗。王老師第一年進到弘道，擔任輔導組長時就接受到震撼教育。因為在輔導組長工作的過程中，要和許多重量級的導師互動，難免遇到講話有點不留情面的狀況，對一個新進老師來說，其實非常挫折。所以，鴻儒老師的工作重點，就是致力於其心理的建設。第二個狀況，是組長的課被減到很少，所以，他實際上課的經驗就變得很少。鴻儒老師花很長的時間觀察他上課的邏輯，跟他討論，引導他思考：教學目標的設定，依照學生年級的不同選擇適當的教材，設計以學生為主體的教案……等。

一個沒有經歷的新進老師，對教學本來就比較沒有全面性的想法，只能完全按照課本怎麼寫，就怎麼教，偏偏他教的又是資源班的學生，個別差異很大。鴻儒老師不是學輔導的，比較難在他教學面上看到直接的問題，僅能協助他釐清教學整體的規劃與架構。

可惜，因為環境上的因素，王老師只在弘道服務一年就返回故鄉。這一年陪伴與支持的歷程，無意間也讓鴻儒老師在心疼之餘，開啟了教師領導的另一扇窗。

## ♡ 眼神的交會　視野的相融

與教學輔導教師團隊互動的經驗，讓鴻儒老師深刻體會到：與好朋友一起分享、彼此激勵、共同努力的甜美滋味；更讓他肯定：教學輔導教師還是最能彼此搭配的團隊。

他提到2009年時，教學輔導教師團隊基於長期的經驗，深深瞭解對於新進教師而言，擔任導師工作是很大的挑戰。特別是在學校日的時候，面對家長要作課程教學說明、又要回應個

別家長的提問。

鴻儒老師當時與教學輔導教師團隊，結合教師會的力量，整合不同特質老師的經驗，編撰《導師幫幫忙——學校日教戰手冊》，將狀況劇拍攝成影片，協助新進教師，也開放給所有老師共享。

鴻儒老師在製作期間，不斷關懷、支持製作團隊，整合場地與人力資源，提供創意，引導大家「從心出發」，一起為弘道的老師「付出真愛」。他也從這個過程中，體會付出心力一起合作、建立默契之後，團隊中一個眼神的交流，就能心意互通，彼此心領神會，隨時支援與互補。這種美好的經驗，營造團隊歸屬感、激勵企圖心，是學校向上提升的重要力量。

擔任教學輔導教師所遇到的挫折，則讓鴻儒老師進一步瞭解，專業的教師團隊與強而有力行政奧援間連結的必要性。以2010年度教學輔導教師團隊召集人蔡老師為例，就是一位能夠建構明確發展主軸，設定具挑戰性目標，並能維持長久戰力的「永備電池」。

鴻儒老師參與弘道國中教學輔導教師團隊相見歡活動

　　而擔任教學組長的鴻儒老師，則能以其教學組的戰略地位以及過往教師領導的經驗，積極和蔡老師搭配，統整推動各領域的教學活動，並整合教學輔導團隊、教師專業發展評鑑與教師專業學習社群，規劃足以滿足多數老師需求的教師進修活動。

　　同時，鴻儒老師還會將以往擔任教師會會長經驗中學到的策略與方法，善加運用在教學組的工作中，積極溝通協調學校的公共事務。以安排校外教學時的代課問題，沒課的老師去協助指導自習這件事情為例，鴻儒老師就認為：與其執著在代課費等相關法令上，致使業務主管和教師團隊彼此因立場之差異，而站在天平的兩端僵持不下，不若從支援互動的立場，動之以情，誠摯邀請老師來協助。如果真有困難或不願意，鴻儒老師還是會以尊重的態度，安排教務處同仁去支援。實施下來，幾乎獲得全校老師的配合與認同。

　　面對這些工作，鴻儒老師總是懷抱著啟動學校正向文化、正面能量的使命感來推動，將教學組長的工作也當作教師領導的另一種具體實踐。他認為：巧妙運用各種溝通管道，如導師會議、各科教學研究會等作為對話平臺，以建立明確議題為起點，以尊重老師不同意見為原則，適時走入群眾，灑下關懷的及時雨，對於業務的推動很有幫助。

　　鴻儒老師很感謝教學輔導教師團隊的好夥伴，發揮「鴻儒分身」的功能，協助居中潤滑，也讓他事半功倍。這樣的過程，也體現模糊行政與教師間的界線、形塑出對話與合作的專業文化，是引領教師專業精進與校園正向凝聚力的關鍵。

## ♡ 掬月熨心暖　光波煥千影

鴻儒老師認為教師領導者這個角色對自己最大的幫助，就是教學相長。如果要再進一步說，他認為就像：

> 即使是站在不同的位置，回過頭來，還是要面對自己的問題。不管是導師、教學輔導教師、領域召集人、教師會會長，教學組長，到最後還是必須誠實的面對自己。看到自己教學上的盲點，看到自己在面對孩子或者是在面對老師的時候，基本上的態度，甚至更細微的自己心情上的波動。

如果發現自己的負面情緒，就要能敏覺自己的不足。鴻儒老師隨時提醒自己「身教」的重要性，要求自己所做的就是自己所說的。同時他也發現：愈去檢視自己、澄清自己、承認自己也有不足，就愈能面對外在的環境，愈能接納學生也有他自己的困難。持續的省思修正，讓鴻儒老師逐漸培養出獨立思考、合作及反思的能力，以及展現勇於承擔的器度。

談到教師領導角色對同事提供什麼幫助？鴻儒老師笑著說：

> 其實我不敢說自己是教師領導者，也不覺得做這些事就是在幫助別人，我只是做我該做的。既然是應該做的，就不能算是有幫助到人。我偶爾還是會擔心自己用的方法到底適不適合夥伴教師。不過還好我知道我也是人，也會遇到困難，和幾位好朋友談一談，就豁然開朗了，有時反而是夥伴們開導了我，為我引導了新的方向呢！

至於對學校有什麼幫助，鴻儒老師直言學校需要他，他

就去做。鴻儒老師的朋友們偶爾會互相打趣，承擔對他們來說是很大的課題，對大家來說，就是要去選擇最難走的路來走。但是，也許在承擔的當下，困難的問題逐步化解。多年來，就在「捨我其誰」的承擔中，磨練了處理問題的能力——分析狀況，尋思多元的可行策略，傾聽、協商，激盪出最佳解決策略。

從做中成長，在行動中深思，藉互動中凝聚。教學輔導教師團隊的老師們常會聚在一起思考：弘道的未來是什麼？當有一天免試升學上路了，學校還能維持現有的風光嗎？如何活化、改善教學現場？如何有效提升學生學習成效？……甚至於會在閒聚時延續話題聊得開心盡興，之後猛然覺察而笑著說：呵呵，怎麼談到這麼硬的問題！

小組討論，共塑學校願景，共享成長樂趣

鴻儒老師知道，不管是多好的校長，幾年後終究會離開。所以，鴻儒老師認為，如果能和夥伴們一起啟動自省的勇

氣與向前走的能量，就有機會釋放多元的聲音，進一步從動盪中凝聚共識。以同僚領導取向、教師專業自主及自律、教學創新及有效的教師專業發展等教師領導的具體作為，尋求學校穩定發展的力量。就像掬月取暖，除了可以慰暖好朋友的心窩，水中光波亦能煥化千億，炫亮周邊風光。

## ♡ 生命轉彎處　伸出愛之手

回顧這段教師領導的歷程，鴻儒老師以過來人的立場，肯定校長的特質和作為對於教師領導在學校實踐，具有特別的意義。校長的支持，是對領頭羊的鼓勵；相對的，校長的不支持，就是對努力者的打擊。

還有如果學校的決策模式是由上而下的方式，將會打擊教師作為領頭羊的意願。以弘道國中的陳金珍校長為例，校長親切，支持教師的成長活動，願意接受別人的觀點。她做了很多很多的改變，讓學校從動盪、變化到現在逐漸穩定下來，也讓大家在不知不覺中學習到她對教師尊重支持的態度。她對學校的影響，絕對是正向且長久的。但鴻儒老師也知道：

> 回過頭來，我們常常得要求自己。如果學校老師自己不願意，沒有辦法自省，沒辦法自己運作出一套很正向的、讓學校往前走的方式，那麼再強的校長都沒用。

以弘道國中的狀況，有90%的學生來自學區外，因應免試升學，有一天弘道在升學競爭上的優勢不再了，發展學校本位課程就變得非常重要。

鴻儒老師認為學校就要在師資結構與組織架構去調整，這一定也會對教師領導造成影響，但鴻儒老師以深入行政體系的

經驗，認為行政主管和教師要找出共同的需求，站在同一個基準點上往相同的方向用力。他和上一屆的教學組長，兩人都擔任過教師會會長與教學輔導教師，都認為與其批評，不如實際去做；在做中學習，扮演多元的角色，分擔更多的任務，和培養自己的多元觀點，嘗試從根本去改變，便可擺脫其桎梏。

營造教師領導空間，溝通管道是很重要的，很多老師認為：

> 直接一張紙就叫我做事，這就是「官僚」。而當上下不能溝通的時候，官僚就出現了。

偶爾鴻儒老師也會對負向的教師文化有挫折感，但一路走來，從導師、夥伴教師、教師會會長、教學輔導教師到教學組長，他總是要求自己能在別人生命轉彎處，伸出愛之手。

> 我用了心，我願意承擔、盡力就是了！

這是鴻儒老師的自我期許。幾年下來，弘道校園中學校成員的密切互動，教師們的成就感、創新風氣及友善關懷的環境氛圍等特色，可說是鴻儒老師與所有夥伴攜手深耕所產生的效果。難怪鴻儒老師最後大聲說出：

> 擁有那麼好的團隊與知心、交心的教學夥伴是我的幸福，我以我們的團隊為榮！

教學輔導教師與夥伴小組分享

## 【心靈小品】

### 一棵開花的樹

如何讓我遇見你

在我最美麗的時候

爲此我已在佛前求了五百年

求佛讓我們結一段塵緣

佛於是把我變成一棵樹

長在你必經的路旁

陽光下慎重的開滿了花

朵朵都是我前世的期望

當你走近　請你細聽

那顫抖的葉是我等待的熱情

而當你終於無視的走過

在你身後落了一地的

那不是花瓣

而是我凋零的心

——席慕蓉

　　每一次的相遇，可能都起因於某一個人五百年的祈求。當緣起，面對別人滿心的期待、滿懷的熱情，讓我們走近，細聽生命的嘆息，感受血管的脈動，彼此喚醒沉睡在心中的巨人。然後好好運用我們的力量，珍愛彼此的美麗與熱情，一起揮灑生命的絢麗。有一天，當花瓣掉落，亦留下肥沃春泥，滋養未來無數美麗。

　　鴻儒老師珍惜著五百年來求得的弘道緣分，從「心」出發，讓愛閃亮，期許自己秉持著關懷與愛，在別人生命轉彎「之處」或是「之時」，伸出有力的手彼此扶持。讓等待五百年的熱情，輕輕散發、細細嘆息，願所有關心教育的人都能接收得到。

## 延伸思考及討論

1. 改變根深柢固的教師文化並不容易，但從鴻儒老師的故事中，您看到他做了哪些努力？

2. 學校的組織型態往往結構鬆散，老師彼此間也沒有太多的連結與互動。面對這樣的組織結構，可以運用哪些方法或途徑來凝聚、帶領教師發揮集體正向的力量？

# 【Chapter 7】

## 力挺教師成專業
## 深耕麗山獻熱忱

【訪談／撰稿：張德銳、蔡宜宏】

受訪人：歐陽秀幸

職務：麗山國中教師兼教務主任

領導組織：教學輔導教師、國文領
域、教師會、教務處

生而不有，為而不恃，功成而弗居。

——老子，《道德經》

「不怕慢，只怕站」，我希望我們可以慢慢讓老師往
前，我只怕我們的老師不動而已。

——麗山國中　歐陽秀幸老師

## ♡ 風華璀璨　優質麗山

位於內湖路北側巷道內，學校正門口就是捷運內湖線港墘站，鬧中取靜的麗山國中，緊鄰麗山國小、麗山高中，形成一個麗山校群，也因此，學校的發展很自然地與社區家長息息相關。

1979年創校，至今已有三十二年歷史的麗山國中，不僅傳承優質的學校文化與良好學風，亦能展現健康活力與陽光朝氣。優異的辦學成效，以及優秀的體育與藝文團隊，獲得社區家長一致好評。

2009年，麗山國中曾贏得臺北市優質學校「學校文化」及教師「專業發展」兩項殊榮，同年並通過臺北市「教育111標竿學校」的認證。這一切皆因全校有許多積極進取的教師專業團隊持續運作著，而背後最重要的靈魂人物便是現任教務主任——歐陽秀幸主任。

歐陽主任在麗山二十幾年，一路從導師、輔導室資訊組副組長、教務處教學組長、專任教師，到現任多年的教務主任。她笑著說自己的人生很貧乏，履歷表一張就寫完了。不過，正因為如此，「一路走來，始終如一」的歐陽主任對麗山的情感比誰都深厚，對麗山的文化比誰都瞭解，對麗山的發展更是比誰都重視；再加上她所戲稱「雞婆」、「過動兒」的個性，讓她願意「多管閒事」，協助同儕成長，更願意跳出來當領頭羊，為學校與麗山的老師們多做一點事。

優質學校獲獎留影

## ♡溫馨歡樂　活力校園

自創校蔡添順校長戮力經營「麗山為家」的治校理念以來，「溫馨關懷」的氣氛一直是麗山的優良傳統，更是歐陽主任一路上最大的支柱。

回想初到麗山，身為南部人的她，從不知道臺北這麼冷，身邊一件厚的衣服都沒帶。有位老師隔天就拿了件毛衣給她，提醒她要注意保暖，讓她深刻感受到麗山老師們的溫暖。歐陽主任感念地提到：

> 辦公室裡有很多具有教學輔導教師特質的老老師，會關心你的生活、帶班的情況，並給予一些建議與協助，還會從家裡帶一些熟食在辦公室裡一起聚餐，活絡大家的感情。那樣的溫暖與支持，對於一個新進教師來說非常重要，更讓我看見很多好老師的典範。

　　這些小小的舉動，讓初到異鄉工作的她備感溫暖。雖然教學輔導教師制度在當時尚未推動，但這一群如同非正式教學輔導教師的老老師，將一位資深教師的典範深植於歐陽主任的心底。

與同事一起慶生

　　承襲溫馨關懷的文化氛圍，歐陽主任也希望自己能為麗山注入更多的歡樂與活力。生性活潑的歐陽主任曾擔任教師會會長，在任內，她秉持著「歡樂成長　健康活力」的願景，將學校營造成一個開心的環境。她笑道：

　　我們教師會以促進歡樂為主，旨在凝聚會員的情感，讓
　　大家的氣氛很融洽，而那是我喜歡的。

　　配合學校的節慶課程，如元宵節或冬至舉辦老師或學生搓湯圓比賽；教師節在川堂舉辦自助茶會，邀請退休教師回來，並請管樂團來演奏，娛樂教師們。

　　歐陽主任致力於聯繫教師們的情感，營造溫馨愉快的氣

氛。也因為歐陽主任的用心經營，麗山國中教師會更獲選為臺北市教師會第二屆的「Energy教師會」。評審的評語恰如其分地點出了麗山國中教師會的走向，以及歐陽主任的領導風格——熱心會務發展、會務資料完整、重視專業成長的教師會。

## ♡期許專業資深　盡力傳承經驗

2004年，麗山國中開始申辦「教學輔導教師制度」，希望能藉此促動學校的發展。有這麼一個「助人成己」的好機會，歐陽主任自然二話不說就上陽明山接受培訓。在山上，各校各領域的優秀教師所散發出來的熱情與鬥志，激勵了歐陽主任的教學熱忱；教學觀察與回饋的專業學習，更開闊了歐陽主任的視野。下山之後，歐陽主任深刻體會到：

> 自己要用比較專業的角度來擔任教學輔導教師，不能只是純粹關心，不能只做感情的依靠；必須自我期許：「我是一個專業的資深老師，我不能只是比你先來這個學校的資深老師。」

懷著一顆對當初老老師們的感恩之心，以及在山上所學的專業技術，歐陽主任決心做一位能關懷、願傾聽、而且具有專業的教學導師。這樣的典範，亦深植於她的夥伴教師——鄭嘉文老師心底。

剛畢業的嘉文老師，甫接一個班的導師，沒想到竟是連資深教師都覺得頭痛的「後母班」，讓她常常遭遇許多班級經營上的難題。儘管她付出很大的心血與努力，但情況仍不見改善，往往讓她感到心力交瘁，不堪負荷而落淚。

教學輔導教師相見歡

　　歐陽主任除了給予嘉文老師情感上的支持外，更帶領她以「行動研究」的方式來改善班級。經由多次的教學會談，歐陽主任聆聽嘉文老師述說教學與班級經營上的瓶頸，例如：如何面對青春期的孩子，營造恰如其分的師生關係；如何拿捏原則，建立班級常規與學習規範；如何規劃教學，引導學生有效的學習。慢慢地，聚焦出教室觀察的方向。首先以錄影的方式記錄班上的狀況，接著透過影片討論問題所在，然後擬訂系統化的解決策略，並在執行過程中不斷修正。

　　最後，集合該班所有科任老師擬訂一致性的策略，共同實行，漸漸地，這個班級的上課情況終於獲得了改善。

　　嘉文老師回憶起這段歐陽主任陪伴她走過的路，覺得自己獲益良多：

　　歐陽主任好像將數年的系統化班級經營技巧，濃縮在一
　　年之內傳授給我，讓我得到相當快速的成長。

## ♡ 領導理念：不怕慢，只怕站

　　現任教務主任的歐陽主任，深刻地體會到教務主任對於學校的重要性：

> 教務主任在學校裡是教學的領導中心，如果教務主任願
> 意去推動很多專業的東西，的確能引進很多新的觀念給
> 老師。

　　然而，當行政希望協助老師進行專業進修與成長時，老師們常不想因為參與某些方案而被束縛住或增加負擔，也不想要太多的干涉與檢核。

　　即使遭遇了一些阻力，歐陽主任仍不氣餒，她告訴自己說：

> 行政有時看得比較遠，有比較大的願景，因此會期待我
> 們的老師趕快跟上。但是，不要忘記第一線的老師有很
> 多很多瑣事、很多很多的辛苦。因此，我的理想就是
> 「不怕慢，只怕站」，我希望我們可以慢慢讓老師往
> 前，我只怕我們的老師不動而已。

　　歐陽主任會在校務會議時介紹教務處整年度的業務主軸，做一些理念的傳達與溝通，也會在各個會議場合激勵老師，希望能讓老師慢慢意識到自己的專業角色。

　　雖然老師們一開始會抗拒，覺得有負擔、壓力很大，不想參與，不喜歡因為一些形式的東西而讓自己麻煩，但是歐陽主任不氣餒的持續溝通與互動，後來還發現老師們可愛的地方：

> 老師一開始就跟你說：「我不要參加這個！」可是等到

一段時間過去，老師反而會主動問：「欸，你們之前都在做什麼？我這邊有很多資料。」所以他其實是在走這一塊的，只是他不要一開始就被鎖定、框架住。反而因為沒有負擔，等到後面一點去問他，他就會把他前面的成果都跟你講。

因為如此，一路走來，歐陽主任從不厭煩地宣導各種教育的新觀念，帶進各種教育的新知，因為她相信只要不操之過急，這些對老師、對學生、甚至對整個學校都是有幫助的。

教師專業成長研習

## ♡ 激勵良師　協力改善教學

在發掘優秀教師、鼓勵教師方面，歐陽主任知道老師們經營班級網頁很辛苦，就在校內舉辦一個小型的評選，希望能給予願意用心經營網頁的老師一些鼓勵。

另一個例子是，海洋大學教授有一個綠蠵龜的計畫，希

望能轉換成教材，便詢問歐陽主任麗山國中是否有老師願意幫忙。一直期望能把更多好老師「推出去」的她，聽到類似這樣的研究案訊息，會立刻想：

> 有沒有哪一位老師適合？怎樣鼓勵老師參加？這項研究
> 專案能否擴大老師的視野，讓他有所成長，並且對他所
> 在的領域會是一個助力？假若對領域的幫助有限，能否
> 提供老師個人成就的舞臺？

慎思過後，若覺得值得做，她便極力的徵詢、說服老師們。她強調，藉由引介，可以營造出更多元的舞臺，讓老師們揮灑長才，讓更多人欣賞到這些老師的好。相對的，也促成了教學研究的風氣，活化了教師教學與學生學習。

若有老師遇到一些教學上的問題，歐陽主任也會盡力協助他們改善現況。曾有老師上課會比較跳躍式思考，學生都聽不懂，學生被他教過後，補習的人增加很多。雖然這位老師上課很有趣，但是學生到了真正解題的時候是有困難的。

歐陽主任察覺這些情形後，除了觀念上的溝通外，也安排資深教師入班觀察，進行回饋與討論，同時讓這位老師進同儕的班級觀摩，學習其他人的教法。歐陽主任察覺到他的進步：

> 他開始會注意到學生的反應，然後準備講義，還會主動
> 地進行考試的命題。雖然比較慢，但是我覺得行為和觀
> 點都有漸漸在改變。

這正是歐陽主任「不怕慢，只怕站」領導理念的落實。

## ♡ 成人成己的教學輔導團隊

教學輔導教師制度在麗山國中行之有年，已儲備了三十多位教學輔導教師。對於新進教師的輔導，麗山「教學輔導教師」團隊，一直在融入麗山文化與社區背景這一塊著墨得比較深。

透過「大手牽小手」的師徒學習方式，讓資深教師的專業經驗得以傳承。歐陽主任還會在會議時間上，利用她蒐集來的各種班級經營個案與狀況，讓資深教師跟老師們談論各種解決策略。

由於「教學輔導教師」團隊的成功，即使讓新進教師帶導師班，歐陽主任也能拍著胸脯跟家長說：

> 你的孩子給哪一個新進教師教，都沒有問題，因為我們
> 背後有教學輔導的制度，有一大群資深教師在撐著他
> 們。不要擔心！

這群有志一同、攜手相扶持的教學輔導教師，走出自己的教室，協助其他老師成為讓家長信任的好老師，在歡喜付出中，相對的也成就了自我的價值。正因為這種「助人成己」的想法早已成為麗山優質文化的一部分，歐陽主任從來不用去求人家參加教學輔導教師，因為只要有老師希望提升自己或是協助他人，就會願意報名參加。

教學輔導教師月會

## ♡ 推動繁花盛開的專業社群

　　承繼麗山優良的傳統與校風，麗山的教師一向有「面對教改　主動學習」的信念，各種教師自主成長團體日益成形，並致力於教育專業的成長。

　　歐陽主任非常鼓勵老師們帶領、成立自己的團隊，即使是非正式的教師自主成長團隊，像是同辦公室之間的討論與對話，她認為也是相當珍貴。

　　對社群的運作，歐陽主任除了主動地關心，還會儘量撥空參與社群的活動。「繁花盛開的文學花園社」帶領人張蓓芬老師說道：

> 社群老師提議要將設計教材製作成專業教學檔案，歐陽
> 主任便親自帶著老師們一起學習，時時關心我們，感覺
> 上她也是我們社群的一員。

　　接近期末時，歐陽主任會請各個社群在領域內進行經驗與

成果分享，還會辦理社群間的交流大會，讓各個專業團隊能激盪出更多元的想法。

在歐陽主任的鼓勵與協助之下，麗山國中光是2011年，便有四個專業學習社群申請通過教育部「中小學教師辦理專業學習社群計畫」的審查。

各個社群能順利運作，她實為幕後大功臣。只要需要幫忙、需要經費與資源，她總是會不遺餘力地大力支持。

學習社群──「讀癮」俱樂部

專業的、精進的教師，是提升學生學習的巨大能量。對於升學率的維持與提升，歐陽主任同樣致力在經營。只是在過程中，歐陽主任特別強調：麗山國中「沒有名師」，有的是「優質卓越的教學團隊」：

麗山國中沒有名師，我們只有八年級老師、九年級老師。如果說歐陽秀幸是名師，那每個人都叫歐陽秀幸。因此，在團隊裡面，課程是共享的，資源是共享的，經

驗也是共享的。尤其是九年級的整個升學策略更是團隊的，絕對不是你們班做你的複習，他們班做他們的複習。我們的複習進度是全年級排好的。

當九年級開始升學衝刺時，升學情境的營造與晚自習的規劃也是整個九年級一致，並結合家長會的力量，宣導家長應該要來看學生晚自習，來陪讀支持老師。

在歐陽主任的領導以及優秀的教師團隊努力下，麗山國中98學年度畢業生公立學校的錄取率達到七成以上，可說是「辦學績優　獨步港湖」。

## ♡ 無悔付出　深耕麗山

這個故事開始於歐陽主任初進麗山被溫暖關懷的學校文化所感動，而這樣的氣氛正是教師領導發展的溫床。歐陽主任在傳承之外，更加入「開放溝通」、「肯定認同」、「同儕協助」、「自主成長」等教師領導不可或缺的要素。

Katzenmeyer與Moller（2009）在《喚醒沉睡的巨人：協助教師成為領導者》一書中，將教師領導者定義為：

> 教師領導者在教室內外進行領導，參與投入教師學習者與領導者的社群，影響他人邁向教育實務的改善，並為其領導結果的達成承擔起責任。

歐陽主任所展現出的教師領導恰如以上所述，不管是身為一位專業的資深教師，或是在教師會會長、國文科領域召集人、抑或是教務主任等職位上，她都能透過教學輔導教師、行動研究、專業社群等等途徑來協助同儕改善教學，進而提升學生的學習。

歐陽主任「一路走來」，在麗山國中「始終如一」地「無悔付出」，為「深耕麗山」的發展與學生的成長而努力，造就了今天「風華璀璨」的「優質麗山」。

## 【心靈小品】

2011年富比士全球億萬富翁排行榜出爐，臺灣首富是由王雪紅和陳文琦這對夫婦奪得寶座。相較於郭台銘鐵血治軍、凡事親力親為的管理風格，王雪紅則是採取截然不同的柔性管理。她常邀部屬到家中聚會，見面時總是把對於部屬個人、甚至是家庭的問候掛在嘴邊，讓員工心裡充滿暖意。

親近王雪紅的人士指出，王雪紅最重要的經營哲學，是對專業經理人「知人善任、充分授權」，像磁鐵般不斷吸引人才為她效命。

談到領導管理，歐陽主任笑說自己比較「大而化之」、「散仙」，覺得大方向對了便好，然後大家很開心地完成一件事就好了，也不太知道怎麼管理。

然而，如同王雪紅的「柔性領導」，歐陽主任總是帶給同儕教師溫暖關懷，在歡樂活力的氣氛下，帶領教師邁向專業成長，並致力於優秀教師的發掘，將權力分散下去，鼓勵教師帶領自己的社群，自己只擔任全力支持的角色。

歐陽主任總說，愈在教務主任的職位上，她就愈謙虛，因為每位老師都非常用心、非常優秀。

她從不提自己的功勞，就像《老子》所說：「生而不有，為而不恃，功成而弗居。」歐陽主任如同「水」一般「善利萬物」，讓教師同儕得以充分發展其專業，讓麗山的優質傳統得以進一步提升，學生也因而更能朝向多元豐富的學習。

## 延伸思考與討論

1. 教師領導乃是教師發揮影響力的過程，領導者必須掌握「學校文化」、「人際互動」、「組織結構」。請問歐陽主任是如何發揮她的影響力？

2. 若您與歐陽主任一樣，身兼許多領導職位（教學輔導教師、領域召集人、教務主任、教師會會長、學年主任等），您該如何兼顧每一個角色，並且發揮影響力？

# Chapter 8

# 以愛爲核心
# 留下生命的感動

【訪談／撰稿：徐麗慧】

受訪人：藍淑珠老師

職務：萬華國中國文老師

領導組織：教學輔導教師、國文領域
　　　　　社群、班級經營教師專業
　　　　　學習社群

只有在愛的溫度裡，教育才能眞正影響人的內心。
「心中有愛，行動無礙。」

　　　　　　　　——國家教育研究院吳清山院長

以愛灌漑教育，當個快樂的傻瓜。

　　　　　　　　——萬華國中　藍淑珠老師

# ♡教師之路曲折行　創意生涯樂無窮

　　淑珠老師任職的萬華國中位於萬華區，在社區中是較大型的國中。惟學區屬舊社區，公共設施較少，社區中以老舊公寓建築居多；而學生中單親、隔代教養、低收入戶、新移民子女等弱勢學生比率也較高，所以，部分學生家庭教育不彰，文化刺激相對北市其他地區較為不利。

　　雖然社區和家庭不利因素造成教師施教困境，但是，萬華國中透過動靜空間合宜配置之整體規劃，嶄新的校園已為萬華區帶來新的教育及環境指標。同時以「優質校園、健康活力、快樂學習」的願景為基礎，各領域和諧團結，共同發展教師專業活動，提升教師效能和學生學習成效。更以「學海無涯，書香無盡，一卷在手，滿室生輝」的內涵，獲得教育部2010年度閱讀磐石學校的殊榮，為萬華國中帶來一趟豐富美好的「喜閱之旅」，也為學校帶來嶄新的風貌！

　　如一串散落於臺灣海峽東南方翡翠珍珠的澎湖，是淑珠老師的出生地，之後她在高雄市完成國小、國中和高中教育。令人感到意外的是，淑珠老師的「教師之路」非但不是直線到達，還是一條蜿蜒曲折的實踐路。淑珠老師說：

> 我從高雄高級商業職業學校畢業之後，因為經濟因素，無法繼續升學。進大學前，我在私人企業工作了七年，曾擔任東華書局文書助理、永豐餘企業總管理處行政助理、竹本堂文化公司企劃等工作。七年後，考上東吳大學中國文學系，因此與國文領域有了交集。

　　大學畢業後，淑珠老師陸續在中和自強國小、臺北市立教

育大學附小、鶯歌國中、陽明教養院擔任代課教師。在附小任教期間，與相關領域老師積極互動、學習吸收，練就課程研發的基本功力，從此與教師工作真正產生連結，踏上教師之路。

淑珠老師感性的分享說：

> 我覺得在教學這條路上，受到最大的啓蒙其實是在附小。因緣際會在附小代課，然後愛上了附小，覺得那裡的氣氛，跟我從小夢想要當老師的那個味道很接近，所以我就脫離了自己原來計畫的軌道。

淑珠老師在附小特教班代課長達三年，因為特教班都是由老師們共同討論課程，包含學生IEP的設計，個別化的教學內容，所以，她學到了很多的教學設計、技巧與方法，更可貴的是觀念的啓發。

因為當時正逢附小實驗九年一貫的新課程，淑珠老師回憶說：

> 我也接觸到很多普通班老師，不管是資淺或資深，都很認真在研發教材。而且會利用課餘時間，把九年一貫課程的理念、精神融會貫通，同時毫不吝惜的對話、分享，都讓我學到很多，這應該是一種傳承和專業的提升，更是專業自主的基礎。

經過附小代課的洗禮，淑珠老師思索一般大學中文系畢業的資歷，如果走小學教師的路線可能不太適合，所以她去進修國中教育學程，回歸到國文老師的身分，把在附小所吸收的養分，轉嫁到中學的教學上。首先是擔任私立光仁中學專任教師，然後再到萬華國中，展開一連串精彩的教學生涯。

在繁忙的教學工作之外，淑珠老師亦積極進修，取得臺灣師範大學國文學系教學碩士的學位。同時還不忘寫作，她依循教學現場學生的反應，評估國中生語文學習的需求，與教授、同好，共同討論、研究，參與了《基測作文不能犯的五十個錯誤》、《統測作文練功寶典》、《東方好作文》的著作撰寫。

更難能可貴的是，除了個人語文修養的展現，她還陸陸續續帶領夥伴教師、同領域教師或教師專業學習社群成員，進行各項行動研究和創新教學活動，獲獎無數。

與夥伴教師共同獲得第九屆行動研究特優

淑珠老師除了個人演說的成績優異之外，幾乎每年都有作品參與臺北市的教師行動研究比賽。不管是創新教學教案設計，或是教育專業經驗分享，都能獲得肯定。參加教育部2009年祖孫共學教育方案創意設計比賽，更得到國中組第一名。

對淑珠老師而言，教育之路是一條曲折、充滿挑戰、但有無限創意與樂趣之路。難怪淑珠老師的好夥伴德彥老師說：

淑珠老師構思設計具有學習樂趣與意義的創新教學，並
且無私地讓我參與其中，實在深感榮幸。

## ♡教學導師助成長　幸福夥伴向前走

萬華國中在2007年左右遇到一波教師退休潮，所以陸陸續
續有許多新進教師。淑珠老師表示：

> 我們這個區域比較特別，弱勢家庭比較多，家庭功能不
> 彰的現象也比較明顯。有些新進教師可能不熟悉這個區
> 域的文化，進到這個環境之後，對於孩子的狀況或班級
> 經營會有一些困擾。

為了克服這個新舊交替所產生的困境，萬華國中從2007年
度開始參與教學輔導教師制度，希望藉由這個制度的推動，協
助比較年輕、資淺的或是新進教師，能夠早一點熟悉環境。主
要是協助班級經營，其他還有課程設計、分享與行動研究等。

淑珠老師就是第一屆教學輔導教師，她的夥伴教師是任教
英文科的德彥老師。淑珠老師說：

> 雖然他不是國文老師，又沒有教共同的班級，但我們任
> 教共同年級，在同一個辦公室，那時候覺得不同領域或
> 許會有不一樣的思考點。於是我們一起做行動研究，變
> 成是語文領域的結合，七年級產出一件作品，九年級又
> 再產出一件作品，這兩件作品都得到特優喔！

## ♡ 協同與互補　教學創新機

「夢　在遠方　化成一縷香

　隨風飄散　妳的模樣」

　　　　　　　　　　　　～菊花台，周杰倫作曲、方文山作詞

這是流行天王周杰倫的作品「菊花台」的一小段歌詞，當年流行的盛況幾乎是傳唱大街小巷。在緩慢而柔和的旋律中，帶著淡淡的憂傷，歌詞更是跳脫時下淺白和無厘頭的模式，可說是流行歌曲中的異類，所以年輕學生多少都會哼上幾句。

這種氛圍點醒了擔任國文課程的淑珠老師，她認為：

「流行文化」對學生的吸引力很強，因此，從他們所喜歡的流行文化（如：人氣偶像、流行歌曲等）入手，不僅能夠引起他們的學習動機，而且還能與他們的「生活經驗」連結，刺激學習。

於是一份創新的課程開始在萬華國中進行。這份結合古典、爵士、流行、搖滾和創作發表的跨領域課程，就是淑珠老師擔任教學輔導教師時，帶領任教英文科的夥伴德彥老師共同完成的第一件行動研究作品：〈歌詩變奏曲〉。

淑珠老師利用參與教學導師制度的機會，除了與擔任英文課的夥伴德彥老師討論班級經營之外，還發現他不僅英文造詣很強，國文造詣也不弱，最重要的是他也頗具音樂素養，這正好補足淑珠老師在教學時最頭疼的聲情教學部分。淑珠老師分享說：

我思考怎麼樣結合我們兩人的特質和專長，共同設計一

個教案。我發現可以從古典詩詞切入到流行歌曲，並採
用協同教學的方式進行。

　　這個創新的教學實驗不但行政單位全力配合，協助教學空
間和課務的安排，淑珠老師和夥伴教師也同時開放教學，歡迎
有空的老師進到教學現場共同觀摩。

與夥伴教師專注討論的情景

　　淑珠老師是一位充滿自信，又受到同儕尊敬與肯定的優秀
老師。入班觀摩的老師不但對於她的創意讚不絕口，更對於她
教學資料準備豐富，並能充分引導學生學習興趣表示肯定。而
當時正逢學生朗讀比賽準備期，課程更充分發揮引導學生學習
的效果。

　　最好的教育，應該是賞識每個孩子，同時設計一個舞臺給
他，不但引導他演，更要他自己演，讓上課像遠足般的愉快。
在淑珠老師的創意課程中，七年級的兩位寶貝分別寫下了他們
的感動：

今天的學校本位課程，我們去圖書館上「流行歌曲的詩情之美」。剛開始先講一首「菊花台」，是周杰倫唱的，很好聽，這首歌是《黃金甲》的片尾曲。第二首歌是吳克群的「為你寫詩」，這首歌最近超紅，而且德彥老師在課堂上還唱這首歌，聽完之後，我覺得老師適合走演藝圈了！

· 今天下午上的詩歌吟唱課程，又讓我有忍不住想笑的感覺，卻還是很粗魯的大笑出來。幸好我們有那麼有趣的課程，不然平常的課都讓我想睡卻不能睡。

學生們陶醉在自己創作的作品裡

## ♡ 持續創新活力足　攜手成長樂趣多

不斷的創新帶給自己持續的動力，尋求挑戰與成長是淑珠老師一直以來的信念。經歷了一次共同行動研究的考驗，雖然辛苦，但卻是下一次出發的基礎。

兩年後，淑珠老師除了再與德彥老師合作，還邀請另外兩

位國文課程同仁如慧和彩芬老師，共同參與一系列九年級的創意語文課程。

創意語文課程的教學成果

　　她再次結合古典詩詞與流行歌曲，設計〈青春鬥陣行——阮ㄟ歌詩〉系列課程，爲學生的國中生涯留下精采回憶。德彥老師分享他的感動說：

> 這次很高興能再度和淑珠老師合作。她一直以來都以學生爲中心，爲他們設計各種活動與課程。除了學到課程設計的技巧之外，更讓我在統整學生作品時，勇於接受挑戰，促使自己再接觸與操作多種未曾使用過的電腦軟體，經過一番學習與運用，最終順利完成檔案製作。讓我深刻體會到，教學與人生的學習都是不能停歇的進程，參與其中獲益良多。

　　第一次創新課程的進行比較單純，源自於教學輔導教師與

夥伴教師兩人的互動過程。但是，第二次在基本的班底之外另加入其他老師，人數較多，在運作上就有較多的考量，而且課程又是在比較有升學壓力的九年級實施，所以，隨著基測考試時程的逼近，如慧和彩芬老師的班級只好暫停課程。不過，淑珠老師依然堅持創新課程的研發，繼續和德彥老師完成課程。

淑珠老師本著傳承初入萬華國中時的感動，以愛灌溉教育，並與夥伴共同成長，提升專業能力，這正是教師領導的基本風範。

第十一屆行動研究獲獎後進行作品發表

萬華國中國文領域就有二十幾位老師，規模大，人多事雜意見多。當時淑珠老師剛從教學組長卸任，不但要擔任導師，同時還是國文領域召集人。淑珠老師回憶說：

我那一次算是比較辛苦，剛好需要協助處理同事親師溝通的問題，當領召就被迫扮一下黑臉。

　　當時領域內的一位老師由於親師溝通的因素，希望能免於帶班。但依規定要先在領域會議中討論通過後，再提導師遴聘會議。所以，當時在領域會議中討論時，不甚瞭解來龍去脈的老師就有了不同的意見，直接對著召集人而來。

　　事實上，淑珠老師要召開任何會議之前，自己都會先與相關單位先行溝通，取得共識，期盼達到兩全其美的境地。她分享了當時的情景：

> 因爲我事前就跟教師會理事長、總幹事，還有學務主任都已溝通好，其實已經想好方案了：由另一位新進國文老師去接替。也就是説，國文老師退下來，一定要國文老師去接替。
>
> 因爲很多老師並不瞭解實際狀況，所以產生許多的誤解，而學務主任當時也不便明説原因，結果批判的矛頭似乎都指向我，眞的很難爲。

　　淑珠老師在本身擔任導師的繁重工作下，又承擔領召任務。除了推動同事間信任與和諧一致的關係，共同持續專業成長之外，與行政之間的溝通協調、解決同事難題也占去了許多時間。淑珠老師回想説：

> 很特別，那一次我印象很深刻，就是我開的會議比那一位想換職務的同事多。爲了處理一些衝突的事情，額外增加了很多工作量和協調會議。

　　而輩份倫理的校園文化因素亦在在考驗著她。淑珠老師分析當時的情況：

> 那一次我當召集人，有時候要處理比自己資深老師的問

題。輩份淺在倫理上真的讓我們很爲難。

工作量多、考量多種因素，又要讓領域事務正常運作，彼此之間難免有一些意見相左的地方，如何溝通、掌控衝突、斡旋和化解誤會，也是領召的任務之一。淑珠老師說：

> 我的個性是有話直說，而且是當面說。我不喜歡在背後
> 說，如果有誤解，我會當面澄清，也要尊重別人有不同
> 的想法。

不但如此，淑珠老師也在領召任內，協助推動國文老師擔任導師的輪替制，同時在領召的產生上也訂出排序，免除不愉快的推託。她就是以這種「當個快樂的傻瓜也不以爲意」的俠女性格，營造領域和諧的氛圍和成長的動力。

## ♡ 專業學習再出發　行政支持好夥伴

淑珠老師在參與教學輔導教師計畫和擔任領域召集人的歷程中，除了卓越的成績之外，無形中也顯露出教師領導的風範，進一步的專業成長腳步更是不停歇。她帶領七位九年級導師和一位輔導活動科老師，橫跨自然、語文、數學、體育和綜合等領域，組成「以品格迎向未來——班級經營工作坊」的教師專業成長社群。對於社群成員的組成，淑珠老師說：

> 我們是幸福夥伴，因爲我們愛吃愛玩，所以我就帶著大
> 家一起吃喝玩樂，也一起專業成長。

我們就是一起成長的幸福夥伴

　　社群中實施群組教學，發展有效的班級經營策略，並編輯班級經營教材。她們編製的《生活聯絡日記簿》、《學校本位課程》教材，規劃的「電影人生」課程和學習單，皆開放給全校參考，頗受歡迎。

　　淑珠老師領導的專業學習社群，不但大家感情融洽，更藉由成長活動，促進社群成員教學實務與專業能力的提升，亦設計創新課程參加教育部2009年祖孫共學教育方案創意設計比賽，榮獲國中組第一名。

祖孫共學教案設計獲獎，與吳清基部長合影

　　2011年，萬華國中依然參與教師專業社群計畫。淑珠老師繼續在新年度帶領幸福夥伴，擔任社群領頭羊的角色，並以品德教育為主要的核心，發展班級經營的創意策略。

社群成員透過討論和聚會進行創意交流

　　提到發展教師領導的成功因素，行政系統的支援更是不可或缺。淑珠老師表示：

> 教務處全力支持課務的安排，排定共同的空堂時間，協助我們經費的運用和場地的借用。

　　在推動教學輔導教師計畫時，教務處就是扮演最佳支援的後勤部隊，並且積極爭取其他計畫，提供教師專業發展更多可運用的資源。

社群成長活動邀請他校老師進行分享

　　而校長更是以行動展現支持的熱情，只要沒有其他的會議，他都會參與教學輔導教師的活動。淑珠老師說：

> 校長參與我們的活動，我們完全沒有被監督的感覺，只
> 是偶爾要打斷校長不要話太多。不過，我們也曾經邀請
> 校長擔任講師，分享他的教學之路。

　　校長與教學輔導教師和夥伴教師分享他一路走來的教學歷程，當老師、當行政、當校長的甘苦談，展現平易近人、亦師亦友的領導風格。淑珠老師打趣地說：

> 偶爾，校長也會離題，我們就要趕快把他拉回來，以免
> 離題太遠。

　　萬華國中良好的溝通和行政支持系統，正是發展教師領導的沃土。

　　教師領導的目的在於增長教師專業能力，進而提升學生學習效能。淑珠老師以其豐富的教學經驗，旺盛的行動力和扎實

的專業基礎，具備合作、奉獻、熱情的精神，獲得同儕的尊重和信任，大家樂於共同孕育專業研究的幼苗，一起引領學生身心安頓、優游於學習中，這一切均源自於「愛」。就如同淑珠老師所說：

> 我想傳承初入萬中時的感動，與萬中的夥伴共同成長，
> 提升專業能力，以愛灌溉教育，當個快樂的傻瓜。

國家教育研究院吳清山院長，在擔任臺北市教育局長時提出〈教育111的理念〉一文中提及：

> 只有在愛的溫度裡，教育才能真正影響人的內心。「心
> 中有愛，行動無礙。」

萬華國中藍淑珠老師的教師之路雖是曲折，但堅定信念，循著生涯的目標，以「愛」為經，以「感動」為緯，與同儕共同編織成長的夢想，更引發學生熱情的學習動力，師生共同體會、學習，這是人生永不停歇的進程。

## 【心靈小品】

　　家黎利海是個大湖，它和死海的水源相同，都來自約旦河。

　　家黎利海有清澈乾淨可供人飲用的水質，湖裡有許多魚蝦貝類生活在其中，周遭田園圍繞，高級住宅沿湖邊興建，是附近人們休閒的好地方。

　　死海的水是極鹹的，湖中沒有魚兒生存，岸邊更是不利於植物生長，還不時傳來陣陣的臭味。

　　兩個湖的水源相同，為何有此差異？原來一個接受，然後

付出；另一個接受後，就保存擁有。約旦河水流入家黎利海之後，繼續流入其他地方；而流入死海的水，卻再也不外流了。

　　淑珠老師教師領導的生涯過程不也是如此嗎？雖然一路曲折，但從啟蒙學校市教大附小代課中，與同事們積極互動、學習吸收，練就課程研發的功力。本著這樣的基礎，繼而在萬華國中熱心參與和推動協助後輩的教學輔導教師制度，同時年年帶領同儕進行專業研究計畫，這樣樂於付出的人，不但為自己留下生命的感動，更是「教師領導」的典範。

## 延伸思考及討論

1. 「每一次的遭遇都有其意義。」淑珠老師的生涯經歷對她日後的教師領導產生了哪些影響？回憶您的舊經驗，有哪些成長活動能提升您的教學效能？
2. 「有心，就不難。」在推動教師成長的歷程中，面對學校文化、升學壓力、工作滿檔和輩份頭銜等因素，淑珠老師遭遇了哪些困境？她是如何因應的？您有過類似的經驗嗎？請分享您是如何度過的。

# 【Chapter 9】

# 玲瓏眞心勇承擔
# 無私奉獻成人美

【訪談 / 撰稿：高敏麗】

受訪人：秦玲美

職務：士林高商秘書

領導組織：教學輔導教師 / 國際貿易科
　　　　　科主任 / 教師專業社群 / 教
　　　　　師成長團體

與其讓每一個力量散落在各個地方，不如集合很多人
的力量，發揮奠基的、種子的功能。

————士林高商　秦玲美老師

## ♡ 實踐士商校風　推動心手相連

西臨淡水，東倚圓山，鄰近科教館、天文館科教文化園區旁的「臺北市立士林高級商業職業學校」，1951年創校，歷史悠久。

士林高商是全國規模最大的商業職業學校，以培養勤學好學、能負責、有擔當，以及願意為別人服務的「士商人」為學校辦學目標，培育了無數商業基礎人才，成為國家經濟發展的生力軍。掌握教育趨勢，因應技職體系升學管道的日益暢通及社會價值觀的改變，多年來士商課程設計、活動規劃，持續朝向多元化、系統化、國際化、未來化、全人化的目標而努力。

校歌中勉勵士商學子：

> 時代的任務要擔當，敬業樂群，願吾儕同根共芳，樸誠勤敏，永為北士商的輝光。

身為士商校友的秦玲美老師即為實踐典範。自1993年8月到校服務迄今，對士商有著濃厚感情的玲美老師表示：

> 我一直發心要愛這個環境，我覺得我如果沒來讀北士商，我的人生可能不一樣。我很感謝學校曾經給我的栽培，我們很感動過去在這個環境裡面，蒙受到許多關愛和善意與自由發展。高中三年影響我最大就是大量閱讀，對我人格的雕塑和調整產生很大的變化，也打開了我的視野。這樣的經歷，後來影響到我的帶班風格與作為。

士林高商是一所歷史悠久的大型學校（日、夜間部共96班），校內老師在專業領域上的教學能力十分卓越，但面對教

育政策的持續變革、學生學習的多元發展及家長的具體期待，第一線的教師常私下表示備感壓力與提升班級經營能力之需。求新求變必須在「柔軟心、關懷情」為內涵的校務經營基石上，找到正確的方向，有所堅持，方能鬆開「觀望」的心態，帶動老師們心手相連，讓士商不斷地蛻變提升，其中，玲美老師便是推動的靈魂人物之一。

士商申請辦理「教學輔導教師設置試辦方案」，推動「教學檔案製作」、「教師行動研究」，輔導實習教師、關懷新任教師、教師生命成長工作坊及讀書會辦理……等，都有玲美老師耕耘的足跡；也讓資深教師的教學表現有被肯定的機會，教學經驗開展出傳承的管道。在士商，愛心如接力賽，棒棒不落空，以善引善，校園更溫馨和諧。

玲美老師經常帶領教師專業成長團體

## ♡ 熱情夫子心心念念在學生

玲美老師可說是「心心念念在學生」，在她的心目中，學

生第一！做任何事，包含推動教師專業發展，玲美老師總是強調：

> 取之於學校，用之於學校，最後還是回到「學生」身上來思考。

> 教育不只是人感動人而已，還是人影響人的歷程。

積極投入教育的玲美老師，自述「一路行來，不忘初衷，樂在教學教上癮」。士林高商黃贇瑾校長口中描繪的玲美老師，則是一位發光發熱，真情投入，直率熱情，超級愛學校、愛學生，是她見過最愛掉眼淚的老師，也是常引人感動落淚的好老師。

玲美老師本身為北市商校友，日後又到彰化師大商業教育學系及輔導研究所四十學分班進修。曾任教基隆市私立聖心工商補校、臺北市私立泰北中學，1993年8月回母校任教迄今。玲美老師主修國際貿易事務，在國貿實務教學領域有著精深研究，包含課程全貌的掌握，教材架構的分析，教學目標的訂定，學習領域的擴大，資訊融入教學，套裝軟體輔助。同時，她對於教學實務與困境，也有精湛見解與深耕體驗。多年來對於學科教學推動不遺餘力，建樹極多。

玲美老師在規劃課程時，融入活潑、專業、系統的創意教學活動設計，經常和學生分享她在技職體系的奮鬥史，鼓勵學生積極投資自己，並且藉著專業科目實作歷程，創造成功經驗，提高學生的成就感和自信心，成效優異，回饋不斷。

導師服務年資十六年、專任輔導教師一年的玲美老師，在班級經營與學生輔導上，活用各種策略，提高學子未來競爭力與問題解決能力，時時散播歡樂散播愛，出錢出力不遲疑。玲

美老師還將自己班級經營的經驗整理成《我愛太空人——導師班級經營教戰手冊》，分享與學生們交會的足跡和心得。

「建構舞臺」、「賞識改變」、「志業歷程」，為玲美老師的教育信念。居於老師角色時，玲美老師設計各種班級活動，讓孩子盡情發揮並樂在學習，讓孩子的努力被看見、被尊重與建立自信，堅信教育是用生命感動生命、用人影響人的莊嚴志業歷程。同樣的，在擔任教學導師與推動教師同儕專業成長時，她也不斷為同仁搭建舞臺，幫老師們打氣，協助與鼓勵老師們參與行動研究，以及各項專案發表。

熱心公益的玲美老師，多年來一直主動協助行政推動專業成長，總是積極支援校內、外各項行政活動規劃或實施，例如：輔導室學校日及教師成長團體活動規劃；學務處導師研習、實驗研究組實習教師專業提升與外賓參訪招待；教務處高三升學講座或模擬面試委員、實習輔導教師、教師教學檔案觀摩……等。玲美老師一直是學校中各種組織（考績會、教評會、合作社、教師會、學生獎懲會、導師遴選委員會……）高票當選委員，也擔任士商教師會理事多屆。儘管教學活動繁瑣，她總是盡心盡力，為團體竭誠付出，深獲同仁尊崇。

玲美老師是那麼一位優秀、用心、熱心、積極主動、受師生敬愛的好老師，所以99學年度起，贇瑾校長便特別聘請她擔任學校秘書。

一位同仁在網頁上留言：

> 誰是國貿科最強的老師？在我心中無人可取代——她是秦玲美老師！她每年自發性的主動參與行動研究，年年送件、年年特優！課堂上的談笑風聲，在在是我們的典範……

## ♡ 在學生的需求中看見專業

有機會與老師們分享的時候，玲美老師經常語重心長的提醒：

在學生的需求中看見專業，看見成長，看見自己的責任與價值。

「教學省思」是玲美老師持續尋找自己精進前行的力量源頭，她勇敢直言，不要讓專業迷思成了羈絆教學與輔導的障礙。

我覺得不管資深資淺，不管多有經驗，「教師的自我覺察」很重要，教學過程中要不斷的省思。老師的覺察度夠，就比較不會跟學生發生衝突，所以除了班級經營外，我一直在推教師自我覺察和專業進修。

專業進修除了商科領域教材教法，我覺得更重要的是推「特殊教育」和「輔導」。持續十幾年，我覺得還滿慶幸自己擁有這樣的熱忱。

講專業就不應該是憑直覺和自己的經驗來做教書的工作，應該要有比較具體的理論基礎，或者是要有可以評估、觀察、檢核的工具。不能用「以前我的老師這樣教，所以我現在也這樣」。

理論真的沒有用嗎？那是因為你不會用。如果有人說理論無用是因為不會用，要相信，理論一定有用！至少是人家實驗過的，是可行的，而且沒有副作用的。

所以我這樣一路走來，不斷自我覺察、學習與成長。

　　玲美老師強調時代一直在變，老師一定要不斷的增進自己的專業領域。她會自己自修，主動積極地參加研習，不斷的閱讀，打開她的視野。

　　玲美老師無懼於教學上的挑戰，她戲稱自己習慣當「二媽」，屢屢接手其他老師放下的班級。例如：她曾經接任年年更換導師的夜高三班，實習商店學生忙亂，人力不足，疼惜學生的玲美老師協助傾倒廚餘多次，感動了學生，也改變他們原本不在乎、不配合的態度。

　　她接過同事眼中很難帶的「大哥」班，學生在校內外打架滋事、作弊風氣盛行等問題不斷，玲美老師用真心關懷與接納，賞識學生，從小處著力，想盡各種策略，用真誠與愛改變了孩子們。

　　為了尋回中輟生，玲美老師連續多日在學生租屋外耐心等待至深夜，以溫暖、同理的心，和學生共商解決途徑，私下濟助並請同儕關心，個案終於重返校園並完成高職學業。其他如「同性戀交友問題處理」、「家暴處理」、「中學生感情輔導」等等，玲美老師總是本著細膩同理、接納關懷、賞識鼓勵、用愛陪伴的態度，陪伴學生。學生都暱稱她為「小美」、「阿母」。

　　玲美老師誠懇地表達自己的教育信念：

> 「一樹蓓蕾莫道他人子弟，滿園桃李盡是自己兒孫。」
> 我奉教育工作為一生志業而踏入杏壇，一直認為師生互為貴人，教學相長，教育是一項成就他人也豐富自己生命內涵的歷程。

玲美老師榮獲2009年優良教師

## ♡ 「我們都是一家人」的真摯情誼

「有沒有我幫得上忙的地方？」這是玲美老師最常說的一句話。真摯的笑容，親切的語氣，細膩的體貼，化關懷於自然無形，讓士林高商的老師們都感受得到玲美老師如大姐頭般的關懷。玲美老師表示：

> 我們每天在工作環境裡的時間，遠超過和家人共處的時間，不管在士商，在教育工作崗位上，不應該只是一個上班的環境，我們都是朋友，應該像家人一樣。如果老師之間都不能發展出像家人一樣的親密關係，又怎麼去跟學生說「我們都是一家人」呢？

無論是新進同仁或是最近困擾較多的老師，玲美老師一覺察到有需要多關心、多打氣的老師時，就會去關心他們。

玲美老師分享著自己的經驗：

一般人如果在這個校園適應得非常好，應該是「歡頭喜面」。有時候我們的同仁也會來談：「那位老師又出了一個問題喔，要怎麼辦？」我除了告訴他怎麼跟這位老師溝通之外，自己也會找機會表達關懷：「最近好嗎？我最近都沒看到你的笑容欸！」

遇到願意分享的老師，我就說：「沒關係啦，你自己整理一下，如果需要找人談，我很願意跟你聊聊。我剛剛教書的時候，其實也有過許多問題。有些問題鎖在心中，那時候我好想知道在這個環境裡，有什麼人可以幫我？」這時，我會幫他們打一些強心劑：「如果你OK就OK了，不要有壓力喔！」

若遇到比較抗拒的老師，我就持續保持關心。

可以感受得出來，不管有沒有加入推動教學導師制度，實際上，玲美老師關心士商，關心學生，關心夥伴們，她其實一直都在做教師關懷，推動教師專業提升，並且形成可以傳承的機制。

凝聚教師團隊親如一家人的溫馨情誼

# ♡ 以善引善的正向凝聚

> 與其讓每一個力量散落在各個地方，不如集合很多人的
> 力量，發揮奠基的、種子的功能。

這是玲美老師一直在努力的方向。在士商推動教學導師制度前，非正式的教學輔導早已進行了十多年。早期玲美老師建言讓新進教師座談跨越只講制度、規定、人事法令的範疇，她除了自己提供分享外，也開始著力引薦帶有經驗的熱心公益的老師們，長期默默為團體、為新進、初任教師及代理教師提供協助與指導，不論是教師專業成長與環境適應、班級經營、教材教法、特殊個案處理、輔導教學有困難的教師、結合專業共同科目的學習社群，共同備課，進班觀課，精進教材教法或學生各式競賽指導等教學學習活動。

玲美老師表示她已經教書二十幾年了，總有一天會退休，實在需要很多更好的老師投入這樣的行列，所以就開始慢慢拉，拉一些人過來。她介紹第一期教學導師共同的特質就是：很雞婆，很熱情；歡喜做，甘願受；在不同的專業領域都有一些口碑，一起做事，就開始發揮功能。

玲美老師是商科國際貿易，另外三位是國文科李瓊雲老師，英文科惠風老師，還有一位夜間部教英文的張玉英老師。團隊最大的特色就是「人和」。除了人和以外，他們希望長遠的、積極的推動教師同儕輔導與成長制度，讓一些新進教師和資深教師之間，有著專業的省思與對話，提升彼此的專業，也希望能夠幫助教學有困難的老師。事實上他們就像一個大家庭，用人當基礎，然後配合制度，循序漸近。

　　舉辦新進教師座談的時候，他們用分攤工作的方式，切成五、六個時段，除了學校行政原先的法規、權利、義務宣導以外，四位教學導師也擔任講座，還邀請了資深的退休數學老師，讓課程更加完美，主題叫做「給新進老師的五樣見面禮」，仿簡媜老師書中所提研發的設計，五樣禮物包括：教材教法、班級經營、學生學習、生涯規劃，還有特殊個案的處理。玲美老師負責分享「教師自我覺察與進修」，教師迴響的滿意度都非常高。

　　玲美老師會對年輕老師們說：

> 我們都是舊經驗，其實我們都覺得你們充滿創意，還有很多不一樣的地方。我們希望讀書會也好，meeting也好，大家相互取長補短，優勢補強。希望經由我們這樣的吸星大法，大家功力都可以倍增。

　　玲美老師也分享她的觀察與心得：

> 不斷地拋出善意，對一個新進老師非常重要。有時候我們會討論班級活動，請比較年輕的老師分享他會設計些什麼活動，他們往往有很多點子出來。我覺得對新人、對資深老師而言，這種互動非常非常令人動容。

　　一回生，二回熟。玲美老師說如此一來，慢慢就會有更多的種子教師出來分享，而不會過度集中在某一些人身上。若有比較內向一點的老師，教學導師群也會同教師會，安排比較資深的老師就近照顧。

# ♡ 攜手展翅、載愛飛翔的士商文化

士林高商的黃贇瑾校長，是學校第七任校長，她積極努力以愛提升教師服務熱忱，用尊重激發教師奉獻潛能，強調服務、關懷、和諧、人性化，提供榜樣、環境與機會，架設舞臺，成就每一個人。贇瑾校長勉勵師生做別人的天使：

> 天使為什麼會飛？因為當別人需要時，他會伸出自己的翅膀。

玲美老師分享自己如何受到黃贇瑾校長的感召：

> 黃校長非常熱情，同仁對校長的口碑讓我覺得很感動。校長有任期制，頂多跟我們做同事八年。誰待在學校比較久，當然是我們。她都可以為這個環境付出，我們更沒有理由背棄自己的理想與責任！我在公立學校已經這麼多年了，默默低調耕耘的熱忱又被黃校長找回來。因為她這樣的熱忱，激發我們更多的能量，凝聚更多的向心力。

學校對於教師社群非常支持，例如：教務處為教學導師夥伴教師團隊安排了半天共同空堂，週五下午不帶社團的老師也多了聚會的彈性時間。場地的提供、經費的安排、聚會時的餐點，學校行政都提供了貼切的服務。

十幾年前學校主任邀玲美老師加入行政行列，當時玲美老師回絕，還表示做導師可以影響四十個學生。結果主任告訴玲美老師：「這樣的想法太狹隘了！如果你做行政，可以影響全部的老師。」

談到現況，玲美老師開心地說：

自從我擔任行政工作後，真的深切體悟到前輩當年的訓勉。沒有帶班了，我比較沒有機會做直接的基層工作，所以我覺得可以透過行政業務去影響更多老師。帶班時，我只能影響四十個孩子，可是如果我能夠影響三個老師，他們都帶一個班，我就有三個班；他們如果是一個專任，教四個班，這個力量就真的是好幾倍倍增喔！這樣才會快！

除非我不想做，不然我一定有辦法把它做得很好。以前是自己默默的做，現在更好的是我可以凝聚更多人一起來做，所以我現在都戲稱我的下游績優廠商有五百個。

在士林高商的校園裡，我們的確看到無數攜手展翅飛翔的天使，載愛飛翔，滿園幸福、溫馨，老師們心手相連，求新求變，一如贊瑾校長常提到的：

在紅塵中完成菩提悲願，從工作中實現理想抱負。

在讀書會、專題分享中攜手成長，求新求變

　　為了提升同仁導師班級經營知能，玲美老師經常犧牲課餘休息時間、甚至休假日，為同仁做相關諮詢或講座，深獲士林高商師生肯定。因為績效及聲譽遠播，這幾年，玲美老師陸續以「從導師觀點談輔導與管教」、「青少年行為樣貌面面觀」、「班級經營或正向管教」等主題，應邀到教師研習中心、惇敘工商、華興中學、木柵高工、稻江護家、臺中家商……進行分享，會中還不吝惜將班級經營常用自編表單與學員們共享。不僅獲得廣大迴響，還常利用課餘提供外校教師諮詢服務。民國百年，玲美老師集結豐富的班級經營與輔導經驗，即將出版專書《我愛太空人——班級經營教戰實錄》。

與各校教師分享班級經營與學生輔導

## ♡默默領導　點滴匯成江河

　　玲美老師在訪談的過程中，一再提到「默默領導」是士林高商教學導師團隊的默契與特色。

　　一位老師原本有問題就找玲美老師談，後來聽說她是教學

導師便心有忌諱，刻意迴避。玲美老師主動接近這位老師，問候近況，探詢何以近來少有互動。

玲美老師重述當時的對話：

> 「人家真的是這樣看我們喔！你覺得我是不是強勢的指
> 導你要怎麼樣？你覺得你不OK嗎？」
> 那位老師說：「我是還好，可是我擔心別人的眼光。」
> 我說：「下次人家這樣講，你就說：『喔！那個雞婆的
> 人啊，不管貼什麼標籤都沒什麼影響。而且他朋友那麼
> 多，照你們這樣說，最有問題的可能是校長、主任、還
> 有其他同仁，因為我看玲美老師也常常跟他們講話。』
> 這樣不就化解了嗎？」
> 這位老師笑著說：「你怎麼那麼正向！」

玲美老師說她第一次感覺到，原來人家跟自己做朋友，其實還是會擔心。但是回過頭來想想人家為什麼會擔心，就是因為對教學導師制度不瞭解。所以，後來教學導師團隊在過程當中會相互提醒用低調的行事，謙和的態度，真誠耐心的行動，強調團隊而不自我膨脹，做「正確的事」。他們默默地、嚴謹地，為學校、為同事做了許多事；表面上看來像是瑣碎至極的小事，然而聚沙成塔，久而久之便讓學校裡的成員能夠感染到團隊所想傳達的教育價值。

玲美老師不斷嘗試找到對的施力點，例如：

- ‧考量需求面。
- ‧危機處理與溝通。
- ‧不斷地打氣及拋出善意。

- 凝聚有心的同事一起來。
- 省思怎樣讓負面的批評，也能看到我們的本意和用心？

她開朗的笑著總結：

「做，就對了！」

分享經驗推動校內行動研究

## ♡ 勇敢做自己　精誠開金石

士商老師如此描述玲美老師：

二十餘年如一日、積極開朗、具高度同理心與包容力，勇於付出、默默奉獻，不斷創新教學活動與活絡班級經營策略，累積豐厚經驗又不吝與人分享，為校園進步不斷注入活水。

　　玲美老師不但是熱情天使，她也勇敢的做自己。她分析自己：

> 因為我的脾氣很直，很容易得罪人。可是我有時候很納
> 悶人為什麼講話要不斷的修飾，到最後人家反而看不到
> 自己的本意。所以我試過幾次後，還是決定勇敢做自
> 己。可能因為我很雞婆，很熱情，在努力做事中，有累
> 積一點點人脈和口碑，所以大家對我都很包容。我常常
> 說：「謝謝你們當我的朋友！」

　　雖然不需要去為自己包裝，但是卻必須細膩的為教學夥伴們設想。玲美老師提到自己常常自我提醒要不忘初衷，當初怎麼發心要來做教學導師，就要認真去做。玲美老師會回想自己初任教職的情景，或是換個角度，設身處地為同仁著想，分析各種可能的原因，尋找適切的途徑。

　　有時候，玲美老師也會碰到挑戰性極大的溝通情境，一不小心可能大家都會受傷。所以她會考量，既然一定得溝通，若是無效的溝通，就乾脆不要做，因為不但無效，還有損人際關係。所以，玲美老師會一直思索應該怎麼講，有沒有更好的方式可以讓對方聽到她的本意，感受到她的真心。切莫先否定對方，或是放棄不處理。玲美老師開朗的笑著說：

> 在這一塊裡面做久了以後，我覺得很肯定自己，是一個
> 愈來愈正向的人。

　　回顧一路行來，玲美老師爽朗的總結：

> 我非常熱愛我的工作，因為它豐富了我的人生。

談著談著，我的腦海裡浮現了〈真心英雄〉的歌詞，彷彿就是玲美老師的寫照：

> 把握生命裡的每一分鐘，全力以赴！
>
> 我們心中的夢不歷經風雨，怎麼見彩虹？沒有人能隨隨便便成功。
>
> 把握生命裡每一次感動，和心愛的朋友熱情相擁，讓真心的話和開心的淚，在你我的心裡流動。

~詞曲/李宗盛

## 【心靈小品】

給他人生一堆火，他會暖和一天；點燃他人的熱情，他會暖和一生。

——Terry Pratchett（英國小說家）

教師領導者點燃教師的熱情，引領老師們在專業的提升與奉獻中，看到自己的價值。他們內心的扎實與快樂來自於對學生、對同仁、對學校的理想，逐漸在實踐，並且連結、擴大、編織成密密的關懷網。

誠如玲美老師所言：

種子播散種子，把大家帶上來後，力量更凝聚、更提升。

## 延伸思考及討論

1. 玲美老師如何激勵老師們的熱情？從故事中，您看到她具備了哪些成為教師領導著的特質？

2. 如何激勵老師們走出教室去成就別人也成就自己？哪些作為可以形塑教師支持系統？

3. 如何讓教師輔導的力量形成可以在學校裡充分發揮傳承的正向凝聚力？

# Chapter 10

# 攜手犁福田
# 團結效益大

【訪談／撰稿：張素偵】

受訪人：杜雲華

職務：成功高中數學科教師兼導師

領導組織：教學輔導教師、教師專業
社群

江海所以能為百谷王者，以其善下之，故能為百谷
王。

——老子

教育部教學卓越「金獎」的獲得是靠長期累積的資
源，還有團隊合作（這是最重要的）。

——成功高中　杜雲華老師

# ♡ 神祕主角終現身

　　一下班便火速搭公車前往臺北市立成功高中，這是近年來榮獲教學卓越金質獎、全國智慧鐵人競賽高中組冠軍的一所優質高中。抵達校門口時，適逢許多學生及老師陸續離校，趕緊拿起手機再次聯絡今天訪談的對象——杜雲華老師，約好在校門口等待他出來接我。雖然未曾與雲華老師見過面，但當一位溫文儒雅的男士走出校園，我馬上肯定就是他，因爲從通話聲音就能推斷出雲華老師具備謙和敦厚的人格特質。

　　雲華老師的父親生前即是一位國中美術老師，小時候住在學校宿舍，出門就是校園，耳濡目染之下，「教書」成爲一家人的志業。家中成員包括：父親、大哥（臺大國發所）、大嫂（樹人家商）、二哥（敦化國中）、二嫂（敦化國中）、雲華老師及其太座（五峰國中），均擔任教職。「傳道、授業、解惑」是雲華老師的教育信念，並以此爲終生的職志。

　　雲華老師自1991年介聘至成功高中擔任數學科教師兼任導師至今已二十餘年，榮獲12屆績優導師，參與教育部主辦「教學卓越」榮獲「金質獎」，擔任教學輔導教師，創新研發數學科新版補充教材，推動數學資優培訓計畫，協辦「英雄榜」數學競賽，指導學生獲得國際奧林匹亞資訊比賽銀牌獎，並順利保送臺大資工系。自1991年起，雲華老師及同校國城老師配合學務處聯課活動成立「數學研習社」，並擔任首屆指導老師，編有《數海翔龍》創刊號及《獨數一格》等刊物。

　　雲華老師雖未兼任行政職務，卻是成功高中教師專業學習社群不斷默默耕耘的領頭羊，他所帶領的教師團隊屢屢締造出許多佳績。儘管他一直強調所有的成果都是團隊合作的結果，

但仍隱藏不住在其領導之下，所產生的深遠影響及非凡的成就。

## ♡ 成功揮出第一棒

「好的開始是成功的一半」，成功高中堅強的行政團隊，架構了教師專業學習社群活躍的舞臺。雲華老師表示：

> 推動的最大阻力是來自於疑惑，那會導致不安，進而產生排斥的態度。因此，說明、溝通、氣氛的營造到決議必須要一氣呵成，這一段歷程我們做到了。

成功高中一開始推動教學輔導教師制度時，前校長朱燦煌邀請兩位友校的老師在校務會議上現身說法，解答老師對教學輔導教師制度的疑慮及惶恐。經由氛圍的鋪陳，校務會議因此得以順利通過實施該制度。好的開始是成功的一半，接下來的另一半則有賴於行政積極的幫教學導師減授一節課、籌措研習活動時的主持費、安排研討活動的場地等協助，才能使教學輔導教師制度在成功高中順利推展。

好的行政體制也需要有優質的配套措施，以及一群積極想成為優秀教學導師們的努力與決心，方能成事。在這方面，雲華老師認為臺北市立教育大學張德銳教授及丁一顧教授所推動的教學輔導教師制度，是最大的功臣。兩位教授除上山親自授課，傾囊相授，培養輔導教師練就一身輔導基本功之外，更在歷經一學期後，讓老師們有機會再度上山受訓、分享，彼此學習，這段細心規劃的配套措施對教學導師的助益很大。

此外，一起參與培訓的輔導教師為了學習更多的教學輔導技巧，兩週同甘共苦的培訓課程多虧彼此協助，相互勉勵，才能在最短的時間完成艱鉅的課程，成為合格的輔導教師。

雲華老師（右二）與張德銳教授（中間）合影

## ♡ 輔導團隊就是家

　　數年前曾有學者提出：假使教室像電影院一樣，上課就如沐春風。相同的原理套用在成功高中的輔導團隊也是無往不利——輔導團隊成員就像一家人，兄弟姐妹之間是可以無所不談的。雲華老師是在2008年經由當時的教務主任林薇老師推薦上陽明山教師研習中心接受培訓，之後就一直擔任數學科的教學輔導教師。成功高中通常是以新進教師為夥伴教師，雲華老師認為：

> 以一位新進教師而言，對於新的環境，不管是人、事、
> 物，均有其陌生的地方。每個學校都有其特有的文化，
> 如何讓新進教師在最短的時間內瞭解、適應，就實質面
> 而言有其必要性。而輔導教師的設計可以在這個問題上
> 做有效的解決。

　　雲華老師一直將自己定位為「引導者」，而非「領導

者」，藉由三位數學科教學導師對三位夥伴教師的團體輔導，協助新進教師能夠發揮自己的才華，進而營造出團結的效益。

他對新進教師的輔導提出以下的看法：

> 新進教師本身就有一些獨特的才華，我們只要把那些灰塵輕輕地拂去，讓他自然的發光就夠了。我們是由一群母雞帶領一群小雞，雖說都有認輔對象，但我們相信多人的看法勝過個人的看法，因此藉由研討會的設計，以群組的方式進行討論；因為每個人想到的面向可能不盡相同，將能使課程設計更加完善，達到更大的收穫與成長。

這種不是集中於一位教學導師為領導者的分散領導，以及由三位輔導教師共同輔導三位夥伴教師的團體輔導方式，深得其他兩位輔導教師及三位新進教師所接受，因此整個輔導過程運作順暢。

成功高中2009學年度教學導師與夥伴教師合影

　　成功高中是以研討會的方式，激發夥伴教師的潛能。由三位教學輔導教師輪流擔任研討會主持人，進行教學課程設計研究。他們捐出主持費設立公基金，另外兩位輔導教師在短時間內就已知悉大家的喜好，每次研討就以公基金購買最喜歡的飲料、甜點及便當等，讓研討會更有家的感覺，有如磁鐵般吸引著教學導師與夥伴教師。

　　雲華老師描述：

> 感謝前任朱燦煌校長及現任王登方校長，在有限的校地中規劃了相當寬敞的空間，提供數學科同仁有專屬的教師研究室，在硬體設備完善的條件下，讓成員對兩週一次的研討聚會總是充滿期待，那是一種「家」的感覺。這種溫馨的氛圍，讓大家藉由腦力激盪，解決了許多工作上的問題。在這些互動過程當中，大家亦師亦友，彼此間稱呼有師生、學長姊、學弟妹，感覺是如此的親切，這份情誼將可長長久久。

　　由於數學科研究室是專屬數學科老師使用，每位數學老師均有鑰匙可自由出入。寬敞的空間、明亮的光線、舒適的座椅、完善的硬體設備等，均是吸引老師願意進到研究室進行討論的原因。

教學導師與夥伴教師在數學科研究室研討

## ♡ 初生之犢創佳績

所謂「初生之犢不怕虎」，夥伴教師的勇於創新，加上輔導教師的全力支持，讓這個輔導團隊一出師即獲獎。夥伴教師中有兩位在大學時期曾參與國中「趣味數學」數學營隊，擔任教學組與活動組的工作，對於「跑關」的教學形態頗有心得，因此在如「家」一般的研討會中，決定用此方式創新教學。

透過六位老師的充分討論，進行沙盤推演，採取可能問題的預防措施，實施教學演練及串場連結，並由所有老師提供具體的建議。這項創新課程設計在臺北市行動研究的評比中獲得佳作的成績，也在GreaTeach 2010全國創意教學獎榮獲甲等的殊榮。

雲華老師特地說明跑關課程的運作：

在行動研究的計畫中，三位夥伴教師在創新教學設計的領域，有很多創新的做法。比方說他們以跑關的方式來

設計，以學生當作主體來做學習活動，這些大膽的嘗試也令教學導師大開眼界。三位教學導師從課前的內容設計，操作前的教學演示，還有各種狀況的預防、場地的布置、入班觀察、事後的檢討、意見的反思，都會在現場或者在研討會上有直接的參與做協助。

這種命名為「幾何之美」的跑關課程設計，共有三個關卡，分別是摺紙藝術、數學幾何難題及柏拉圖多面體，每個關卡25分鐘。學生分成六隊，每對8至9人，第1、4組先進行摺紙藝術，第2、5組先進行數學幾何難題，第3、6組先進行柏拉圖多面體，再依序跑關。這樣的分配可以看到每一小隊在不同的課程都會遇到不同的隊伍，增加活動的競賽性。由於課程本身雖有關聯性，但不大，所以，跑關的先後順序對學生在學習課程上不會有影響，學生的接受度頗高。

這項創新的跑關教學設計（如下圖），可以看出成功高中教師專業成長社群中每位教師積極的投入與無私的奉獻，也印證了雲華老師所提的「團結力量大」所產生的加乘效果。

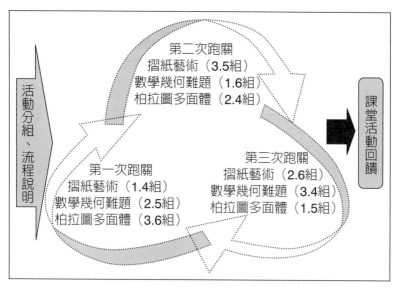

跑關教學設計規劃圖

## ♡ 團隊合作摘金冠

「一枝筷子一折就斷，兩枝筷子折得斷，一把筷子就折不斷」，是小時候大家都讀過的故事。成功高中數學科領域教師一向團結，議案的討論其實在會議前均已取得共識，這種模式有效凝聚了大家的情感，也有利於教師領導的發展。數學科召集人上任後會推舉副召集人當左右手（由學科會議通過），隔年即接任召集人，經驗因而得以傳承，政策亦不會因人廢事。

數學科在各學科中扮演了相當吃重的角色，但在九年一貫課程實施後，國中數學與高中數學之間的銜接有很大的落差。成功高中數學科的教師洞悉這個問題所在，在無法改變教育制度的大環境下，試圖以提升內部的教學及活動來彌補制度上各

種不足所留下的缺口。為避免學生對數學的學習興趣低落和提升學生對數學的喜好與對外的競爭力，做了許多相關的活動和方案的規劃，例如：資優培訓、教師讀書會、科展指導、臺北市資優數學教師成長研討，這些措施對於老師的專業提升與學生數學領域的拓展及其競爭力的提升，都有顯著的正面助益。

實施策略的訂定，是一個篳路藍縷、辛苦經營的過程，由大家汗淚交織所刻畫而成。每位數學科教師腦力激盪，無不使出渾身解數來為成功高中的莘莘學子而努力。每一項數學相關決策，都是由數學科召開研討會，並邀集相關行政人員列席指導共同完成。至於數學補充教材的講義，則是在教學研究會討論編輯之章節，大家分工進行，並約定完稿日期，由召集人請人打字印刷。

從2002年開始，成功高中便由幾位數學老師針對數學資賦優異的學生，利用中午時間在數學資源教室上課，漸漸有所成效。到了2003年有更多老師加入此行列，當時屬於體制外的這項活動，並沒有任何經費的支援，而老師們秉持作育英才，培育下一代的精神，犧牲奉獻。如此默默耕耘持續三年，在有限的資源情況下，老師們犧牲、付出，直到2005年才由召集人透過行政會議，各方奔走與家長會研擬商討，得到家長會的大力支持，同時行政上也同意配合辦理，正式成立數學資優班、英雄榜數學競賽，以及科展的指導補助等三大項利於學生和指導老師的決議。行之多年後，在各項競賽上屢獲佳績，充分提升了成功高中學生對數學的喜好與對外的競爭力。

此外，為提升學生數學知識及興趣，成功高中在2006年與2007兩年內共舉辦了將近二十場的「數學資優研習」活動，邀請各大學對資優教育有研究或培訓經驗豐富的教授蒞臨指導，

並分享其經驗。

　　教師們多年來辛勤地耕耘及努力，終於在2009年成功高中榮獲教育部教學卓越「金質獎」，得到最大的肯定。

　　雲華老師認為：

> 金質獎的獲得是靠長期累積的資源，還有團隊合作（這
> 是最重要的），彼此分工認養責任區域，就負責部分蒐
> 集資料，集合了眾人的力量，才有如此的成果。

榮獲金質獎之教師團隊

## ♡ 多元服務樂貢獻

　　教學、研究、服務，雖然身兼數職，服務的熱忱讓雲華老師雖然忙碌卻依然樂在其中。除了在校內竭力提攜後進、無間斷的擔任二十年兼任導師及數學科的學科召集人外，雲華老師也參與國科會的研究，參與籌辦由成功高中數學科所主辦的

「第一屆全國高中數學教師研討會」及「資優研習營」；此外，他還擔任臺北市國中數學學科能力競賽的試題委員，編寫《數學研習》補充教材，研發創新教材，努力貢獻所學，提供多元的服務。

以參加國科會研究為例，雲華老師嘗試將數學史融入數學科教學，他認為數學學科就像是骨架，無法去撼動他，但骨架感覺太生硬，可以透過數學史幫骨架增添血肉，讓整個形態更完美。這種創新的教學方式，獲得了九成以上學生的滿意度。

儘管雲華老師已經是成就非凡的教師領導者，但對於教師領導制度仍有具體的建言。例如：教師領導者的遴選應該更周延，以免不適任的教師領導者對其他教師造成傷害；建議由曾經接受過協助的教師再擔任教師領導者，讓好的教師領導者可以退場休息，如此一來，教師領導制度方能可長可久。

第一屆全國高中數學教師研討會

## 【心靈小品】

看你靜靜在燈下

為我削一隻蘋果

好像你掌中轉著的

不是蘋果，是世界

一圈一圈向東推

推動我們的歲月

這世界正是那蘋果

為了送我到唇邊

總經過你揀過，洗過

而且削淨了果皮

把最好的果肉給我

而帶核的果心總是

靜靜，留給自己

——余光中，〈削蘋果〉

Collins在其獲獎無數的《從A到A$^+$》一書中，曾提出能推動企業邁向卓越的領導人員就是第五級領導者。在雲華老師身上真真實實的看到這種沉默內斂、不愛出風頭，甚至有點害羞，以及謙沖為懷的個人特質和不屈不撓的專業堅持。除此之外，根據教育相關的研究，發現轉型領導是一種成功的領導方式，而雲華老師對夥伴教師的激發動機、知識啟發和個別關懷等做法，正是轉型領導的最佳寫照。這位教育尖兵此種無私奉獻、默默耕耘的精神，非但能夠成功扮演教師領導者角色，更讓成功高中教師團隊的每位成員，心悅誠服的攜手共犁這塊教

育福田，使教師領導與教學輔導教師制度能在成功高中播種、茁壯並且開花結果。

## 延伸思考及討論

1. 您從杜雲華老師的身上，發現了哪些成功教師領導者的特質？對您個人有何啟示？
2. 成功高中的團隊締造了無數佳績，如何將其合作模式有效應用在自己的學校？

【Chapter 11】

# 以感動召喚熱情
# 用創新精進教學

【訪談／撰稿：高敏麗】

受訪人：陳嘉英

職務：景美女中國文科教師

領導組織：教學輔導教師／國文科召集
人／教師專業社群／臺北市
國文科輔導網教師／教育部
國文學科中心召集人

在人生旅程上沒有不可能的事，只有不可能的想法。

探索與嘗試，造就了生命的無限驚喜；堅持與熱情，

讓不可能終有轉機。

——景美女中　陳嘉英老師

## ♡ 景美、人美、心美

景美女中的美，美在老師和婉的笑顏，美在學生無邪的青春、活潑的生命力，美在校園的繽紛多彩。帝王之色「黃衫」的設計，透露了景美女中期待學生皆能成為獨立自主、追求卓越、有智慧、好品德、活力自信的新時代女性。

1962年由鄧玉祥校長創校的景美女中，設有數理資優班、語文資優班及美術資優班。在歷任校長領航掌舵，所有教職員工默默耕耘、同心協力下，不斷創造光榮的紀錄，豐厚的人文基礎，語文與藝術教育的成果，深受各界肯定。

林麗華校長常勉勵景美女中的老師們：

專業，是別人搶不走的能力。

我們一起做個「點燈的人」，無怨無悔的度過每個日子，把自己獻給「景女」，給「景女」的孩子。

麗華校長抱持「少我多你」的座右銘，帶領行政同仁落實「即時服務」（Just in Time），建立品質文化，先後榮獲「優質學校－校長領導、行政管理、校園營造、學生學習、資源統整」及「臺北教育111標竿學校認證通過」獎項，可資證明。

「黃衫網路學園」（http://jingmei.cmgsh.tp.edu.tw/）上，國文學科老師們為學子架設多元化的課程，連結豐富的國文學習資源，包含陳嘉英老師規劃設計的「雙善文學」、「忠實溫厚99」。透過採訪，我們深切地感受到教師領導匯聚成湧湲飽含生命力的專業活泉，讓美好的教育願景粲然實現。

## ♡ 專業　與眾不同的自信

　　國立政治大學國文教學碩士的陳嘉英老師，目前擔景美女中語文班教師及召集人與教學導師，兼任臺北市國文科輔導網教師，亦為教育部國語推行委員會華語組委員、教育部國文學科中心召集人、種子教師培訓教師。對於國文教學教材教法、閱讀教學、寫作教學、課程設計，都有深入的研究。

　　嘉英老師長期擔任政治大學、臺灣大學及多校教育學程的國文教材教法教師，還有各校文藝營講座、各縣市語文競賽評審。跨出國文專業領域，她還是文山貓空解說員呢！

　　多年的教學生涯沒有消磨嘉英老師的熱忱，她持續研究、發表論文、著作，不斷自我精進。在忙碌的教學與研究中，嘉英老師還常設法找時間去臺大、政大聽課，或是參加學術研討會。對教學有著浪漫的信念，她說教書是理想、興趣，不是職業，她一直都樂在教學、享受教學。

　　專業的背景與持續不斷的精進成長，加上豐富的教學經驗，源源不絕的教學突破與創新，所以，嘉英老師一直受邀參與命題，擔任基測評閱委員、學測指考審議諮詢老師，受聘為作文、朗讀等多項國語文競賽命題與評審委員，並且投入臺北市中學生中文能力之專案研究及高中基本學力研究。這些豐富的歷練，也形成專業提升的巡迴圈，讓她更能精準的研究、發現、掌握教學的精髓。

　　嘉英老師談到，父親一生忠於國盡於事，培養她凡事盡心，所以從小就是個乖乖牌，只有「在教學上叛逆」，不滿足於現狀，總是想著「還有什麼可以做」的探尋想法，即使花很多心力也甘之如飴。

她說：

學生會忘記你教過他什麼，但不會忘記老師怎麼對待自己的生命和怎麼對待學生。

## ♡ 大格局，定視野

努力創造生命的價值和意義，不要害怕作夢，任何的夢都從你的腳底開始無限延伸。夢想就像圓規一樣，你的格局有多大，世界就有多大。

這是嘉英老師送給景美女中學生們的話，也是她個人的寫照——積極創造教學的價值與意義，從「我來」、「我先做」、「服務」做起，帶領老師編織教學的夢想網。嘉英老師帶領老師們先定位課程方向，再轉化為具體清晰的歷程，由簡單入手，然後細緻地步驟化，確認內容要教什麼，配套要哪些文章，哪些延伸閱讀的書目，或是作文要寫什麼，結合什麼樣的活動，建立起活潑完整而有創意的課程內容。

在規劃一個新課程時，我要做些什麼的教學目標，希望學生從中學到什麼，以及我要怎麼實行的教學過程，要哪些配套、哪些作業……，都必須事先設計妥當。課程設計清楚了之後，會清楚地掌握架構，教學時便能按部就班，而不會倉促零碎，如此既免於疊床架屋，也不會流於散亂無章。我覺得任何學問要教學生，都得要系統化、鷹架化，才能建構學習的深度與廣度，讓教學精緻而有密度。

在化繁為簡中，嘉英老師帶著老師們如建築師設計藍圖

般設計課程，她示範自己如何思索教學的對象，學生的感受；如何從更大的格局，開展教學規劃的視野，不僅掌握課內學習的主軸，也能打破框架，對藝術、人文、生命也有著深邃的學習。

嘉英老師眼神發亮的談著：

> 課文有一定的要求，就有限制，可是孩子要得到的東西
> 並不是課本可以框限住的東西。如果他懂得藝術人文，
> 回頭看古人的生命觀與文學觀，可能就會瞭解了。

## ♡ 推動人文課程　發現環境與自我

嘉英老師認為：「文學必然從土地開始，從身處的人文著墨。」所以她帶領老師進行「文山人文教學設計」，共同引領學生體會「發現環境」，也是「發現自己」的旅程。

> 我覺得為什麼要推動區域文學，因為當一個孩子從身邊
> 所走過的地方，能發現歷史與文化都在這個地方，他聽
> 到的是幾世紀的聲音，聽到前輩訴說的故事，那麼他就
> 不會輕易的摧毀一棵大樹或一棵老樹、一面磚牆；他不
> 會用破舊不破舊、實用不實用來看待；他會看到價值，
> 他會看到走過去那個背後的依戀。

嘉英老師選擇學校所處的文山區，作為課程設計與教學範疇的主軸，期望憑藉從區域開始深入認識當地的歷史發展、人文風情，並以此為中心輻射出閱讀與創作、服務與關懷的向度和深度。

嘉英老師帶領老師們體會：

- 透過實地觀察自然景觀、文化環境、歷史現場，放大或加深對文山區的印象。
- 透過書寫，具現出土地的真實面貌；透過關懷，凸顯出區域特色。
- 藉由參觀、訪談、報告、展覽、紀錄片等方式，活化教學與學習興味，引領學生觀察、提問、組織、統合、轉化所見所聞，閱讀的習慣，深化閱讀、理解與詮釋能力。

在教學成果展中，「文山印象的光影」、「文山老街的表情」、「文山影像的切片」三大主題，有聽講筆記與心情迴盪，有旅行踏查紀錄，有校園空間拓圖，有景美十景攝影展，有鏡頭記錄的歷史以及記憶迷藏展。老師們深深感受出：

> 這就像一場旅行，有著冒險的發現，帶著點意外的驚奇，更多的是學生的迷戀之情。這樣的行旅，讓老師發現身邊便蘊含著極大的人文素材可以豐沛課程，也讓學生看見源源不絕求索深究的生命視域。

就在一次次的對話中，嘉英老師和老師們建立起相濡以沫的革命情感，在各忙各的教學之餘，用讀書會、研習、分享等方式談自己的想法，談自己的里程，醞釀出更多新的想法並聚焦出想做的事情。大家高高興興的去做，帶著玩的心情，享受教學樂趣。

嘉英老師推動「文山人文教學」

帶領教師團隊推動服務學習，獲得三項特優

## ♡牽引　共譜教學樂章

與其詛咒四周的黑暗，不如點亮一盞燭光。

嘉英老師提到她一直記得在嘉義教書時，有一年聖誕節望

彌撒回來，校園黑漆漆的，但是每個人手中持著點燃的蠟燭，從遠端看來，黑暗中一排長長發亮的燭光，真美！

在教育路途上，每位老師都像是這行列中的一個，當前面有人時，會有一種吾道不孤、溫暖堅定的支持力；當後方的人依循時，也同時知道自己也可以是那個開創的人。這樣一個接一個，燈就會一直閃下去，生命在這裡就是一種完成。

嘉英老師覺得教學導師有時候就像神父，需要有哲學性的思考，是一個生命的態度，生命想法的完成。大手牽小手，相互扶持、相伴遨翔的教學導師精神，使教學之路不再有那麼多寂寞或是無助的教師。

老師們對於一些新的東西、新的改變，容易感到害怕、遲疑，可能會採取觀望的態度。或許教書教久了，經驗也豐富了，深知學生會有哪些問題。可是嘉英老師覺得老師的存在並不是知道問題，重要的是要解決問題。問題不一定是一個人解決，而是要跟學生一起討論這個問題，跟其他老師一起研究分析問題，然後想出解決的方法。

嘉英老師強調：

> 教師要找出自己的可能性，也要發掘學生的可能性。至於擔任教學導師的角色則是要傾聽需求，從激勵中幫助夥伴們找出自己的風格，發揮專長，建立信心，享受教學。

> 作為教學導師，要帶動老師喜歡教學、喜歡討論分享，更要尊重夥伴們不同的想法；另方面必須設法引導他們思考，從自己主動做，提供服務中，把老師們帶進來。

國文科裡有兩位代課老師，加上實習老師，幾個國文老師就組成讀書會。每個禮拜上幾篇古文，老師們輪流報告，嘉英

老師看他們上課，跟他們一起討論，覺得很有趣。嘉英老師看到剛開始教書的生嫩，看到他們的張皇失措，也看到自己的曾經。她思考這中間有什麼想法可以加進去，譬如說二十幾歲跟四十幾歲教書的人，不同的世代有沒有些不一樣的新想法。透過對話延伸出新的視野，藉由經驗體悟提出深刻的提點讓給他們看到，嘉英老師說這有趣的歷程，「就是傳承！」

她認為：

> 教學導師需要瞭解自己、省思自我，專業能力要強，而且要對教學內容有新的體悟和深邃的內在結構性探討，懂得如何有層次地規劃課程、精密掌握教學節奏。此外，樂於助人、樂於分享、善於發現他人長處，給予肯定與鼓勵……，也是必要的特質。還要有耐心，能夠接受別人還不太能夠表現得很好，體貼與尊重夥伴教師們有成長的時間和空間，讓他們得以創造出個人的教學風格與魅力。除了在人格特質上讓夥伴覺得很舒服外，我覺得要有宗教家精神，很重要的自覺就是使命感、責任感，以及關注彼此的默契。

## ♡ 熱忱　開發閱讀與書寫的樂趣

嘉英老師經常提供教學演示，從觀課中進行實務討論。在學校裡大家都忙，找不出時間，運用E-mail就成了打破時空限制的最佳方式。以下是其中一場在桃園縣永豐高中教學的對話：

> 莊老師：
> 謝謝！不知您是否有什麼方向或內容需要在哪節課中強

調？

其實我在學校語文班上課的方式多以討論或提點為主，閱讀及寫作是學生回家作業。若在課堂即時寫文，多半只能短句，長文敘述可能需回家或補足。再請您觀察其中變化。

祝好

陳嘉英

嘉英老師：

您太客氣了！我也認為一節課可能無法寫長文，我贊成您用討論或是提點的方式。班上同學面對題目時，常常不知道從哪裡去選取有利的素材，這可能是他們的困境。不知道您有沒有好方法，可以幫助同學們？謝謝您喔！

君如

莊老師：

謝謝您讓我與貴班一同分享空間之感，不知同學們的反應如何？必然有許多地方需要改進，還望您及其他老師指正。

同學就此單元作文了嗎？以他們聰慧之資與您的啟迪定能有傑出的表現。

祝好

陳嘉英

親愛的嘉英老師：

附上那天學生的回饋與照片，我打了部分讓您看看，學生都非常喜歡您呢！也謝謝您給了他們很多的刺激和靈感。學生寫作的作文我正在批閱，我讓他們寫一段自己要描寫的空間，有幾篇真有創意呢。謝謝您帶給我許多方向。

有您大方的分享，真好！希望有機會再向您學習。

君如

## 學生們的回饋如下：

透過老師的引導，我發現經過練習，就可以有三度空間、五度空間、十度空間的架構，思緒可以經過整理和安排，我覺得收穫很多。（苡萱）

我認為老師上課的時候會給我壓力，讓我去思考。我也可以透過老師的提問、其他同學的回應，聽到很多不同的意見，對於空間，有了比較深入的看法。（宛庭）

嘉英老師一心想把經驗裡閃過的點點靈光編織成形，除了在校內推動與分享外，她也奔波於全臺各地，散播創造性思考的國文教學方法、開發閱讀與書寫的樂趣，期望每個學習者在這一趟心靈之旅中，因為擺渡者的老師而有神奇而豐富的發現之旅。

嘉英老師認為：

在人生旅程上沒有不可能的事，只有不可能的想法。探索與嘗試，造就了生命的無限驚喜；堅持與熱情，讓不可能終有轉機。

# ♡教學　觸動老師風靡學生

台灣立報記者周依蟬小姐在採訪後，以「陳嘉英教文學·課堂好浪漫」為題，報導嘉英老師的教學。她寫道：

> 國文老師出口成章不奇怪，景美女中教師陳嘉英可以出口成詩、成影、成浪漫，在她的課堂上，國文不只是修辭、註釋，還是思考、創造，以及更多更多你想不到的可能。

大家對嘉英老師的教學創意和信手拈來的延伸資訊相當佩服！學生和老師們都覺得她是「隨身版資料庫」。她的教學風格與眾不同，不會照本宣科，不需直抄筆記，作業的方式活潑多樣，有著源源不斷的新點子。

> 她很容易觸發靈感，隨便拉扯就一堆。（學生　曾馨儀）

> 嘉英老師讓我們每一秒鐘都要戰戰兢兢的，思緒要跟著老師轉，才能跟著老師去思考。……發現第一次自己真的去認真想問題，很開心。（學生　靖珊）

> 聽嘉英老師的演講，最棒的是「教法的具體精準」、「完全掌控學習者情緒」。（淡水工商　陳怡芬老師）

嘉英老師跳躍式的教學，吸引學生更專心；講解課文，流行文化入範例；多媒體相伴，激勵學生勤讀勤寫；打開學生眼界，設計參訪行程；巧思親子共讀，同享閱讀的浪漫。她還規劃多元主題，邀請不同領域的典範到課堂上演講，讓學生們拓展學習。她認為，比起片斷零散的課程教學，完整的主題規劃

更能讓學生有效學習。

嘉英老師針對不同班級規劃不一樣的課程，她分享自己的經驗：

> 對於自然組的學生，以河的水質或環保議題為方向指導學生研究思考。語文班則走向北京、上海，讓長長的青春膠卷記錄這群太陽女兒深刻勾勒的傳奇，以一張張扉頁所拓印的文字感情，凝結在北京歷史人文間驚艷的聲音；同時走向山中，在布農族八部合音的天籟聲裡，觀照生命，記憶感動。

> 嘉英老師總是自己規劃課程、設計教案。積極接受新的挑戰、深具分析創造力的她，並不擔心學生不適應，她常說：「看你要帶孩子到哪個高度，格局有多大，世界就有多大。」

探究她的教學內涵，可以發現結合生活、文化、文學素養、延展到多元學習，無怪乎風靡許多學生。她談到：

> 教科書書商幫老師做妥備課用書、講義電子檔、課文PowerPoint，這固然便於教學，但同時也讓老師不知不覺地依賴。若沒有自覺，將如坐輪椅般，這輩子不容易站起來了。此外，是不是每個課堂都需要把它變成綜藝節目，當資訊過度融入到課堂中時，將導致課堂主題失焦。我覺得可不可以就單獨面對文本，樸素善良地跟文本對話。因為老師的思考，因為老師的解說、分析，去推衍、去牽動彼此對話，這將會讓文章因此變得蓬勃、煙花四散，會因為師生的腦力激盪，而讓文本變成非常

豐富的探索。所以我會嘗試推動這樣的教學，去辦理相關的研習。

## ♡ 支持　永續發展的活泉

麗華校長總是鼓勵教師進修各項教學所需專長，提供教師創意教學所需的一切資源，引進協助教師成長的各項校外課程，傾力相助，排除影響教師教學的種種不利因素，務使教師身心安寧，學生便能學習安定。

麗華校長隨時留心各教學現場之所需，從有形的物資增補，到無形的精神支持、壓力抒化，傾全部心力尋訪可用資源。嘉英老師就感恩的提到：

> 學校永遠會支持，我說要做什麼，學校都說好。譬如說我要帶學生去優人神鼓打鼓，我要帶原住民服務，我要帶學生去北京，校長一向都說：「好！」她從來沒有說：「你不要作夢。」行政上也一直支持我們，辦演講就說：「報帳，不用擔心錢的問題。」這是我覺得很感謝，覺得比大家還幸運的地方！

麗華校長永遠把最大的掌聲、最棒的讚美、最溫暖的提醒、最多的提攜，留給師生們，潛移默化中也凝合了校園成員的「生命共感」，以及「黃衫，好樣的！」的學校文化。

在這兒，我們不僅見到「好樣的黃衫學生」，也深刻感受到「好樣敬業的黃衫教師，團隊精進有用心」，「好樣績效的黃衫團隊，運作踏實有盡心」，「好樣溫馨的黃衫校園，環境溫馨有善心」。

嘉英老師每年為景美女中高三學生演講學測作文

## ♡ 築夢　歡喜做樂分享

　　嘉英老師經常為全校親師生提供閱讀策略教學經驗分享。多年來，她主動利用晚間，為四百多位學生分梯次開設高三學測作文複習班，即使該年度她未擔任高三課程，也一樣安排。

　　嘉英老師有關閱讀、作文及教學的演講近四百多場，跨校服務遍及全臺，遠至各外島。如到澎湖馬公不但與老師們分享教學，後續還延伸進行視訊討論，同時贈送學生好書。嘉英老師甚至跨國服務，曾至印尼華校與泰北輔導教學。她覺得把一些想法與大家分享，讓注入的活水激使老師們重新看待教學，原來可以有這麼大的發揮空間，改變是這麼容易，而開始想嘗試，那就是她最大的幸福和快樂。

　　老師們在演講會後寫下：

　　在一個圈子裡久了，會看不見自己的盲點。國文這一科
　　最恐怖的是它是一種慢性自殺——如果沒有新的撞擊，
　　就會慢慢死亡，我覺得這是很恐怖的一件事情！大家對

於「教國文」似乎很「寬容」，就這樣教嘛，有差嗎？超級恐怖的！嘉英老師演講時有一股氣勢，就是「我是專家」，引導全場。我覺得當國文老師要有這種自信，但是這種自信絕不可能來自盲目，而是來自專業提升及自我要求。自我要求的部分，我覺得是很需要看見榜樣及同事的相互支持，不然也不知標準在哪。（怡芬老師）

澎湖馬公高中學生喜得贈書

擔任臺灣大學師培講座分享閱讀教學

## ♡專注　累積豐足人生

　　陳嘉英老師曾經榮獲2010年「臺北市語文類特殊優良教師」、2008年「臺北市super教師」、國立臺灣師範大學「中小學國文作文教學理論與實務研討會」作文教學錦囊特優，著有論文90篇與專書10本。

　　以往，她做了好多年行動研究，還得過特優，但都是獨立研究；現在，她開始嘗試帶老師一起研究，如文學月活動、命題研究社群、服務學習研究、行動研究社群。在命題社群中，嘉英老師除請專家講解命題技巧，並分析近年來大學學測、指考方向，另則整理試題架構、閱讀層次、題目示例，讓老師能明確掌握命題方法。其次，視老師專長分配設計題目，這不但讓社群中的老師們各自展現特殊性，也讓彼此欣賞學習，而最終的目標則是回歸教學的精進。

　　至於行動研究社群，嘉英老師說學校老師很優秀，其實平日就做了很多嘗試與研究，但是他們不善於歸檔、歸納和書寫，所以她請老師們把想做的計畫提出來，再進一步討論，然後分享製作格式與方法。

　　2010年嘉英老師帶領郭志陽、涂釋仁老師以「走入群山，聽見原鄉的聲音──山地服務教學活動設計」參加臺北市第11屆中小學及幼稚園教育專業創新與行動研究高中組成果發表，榮獲優等。並以「在生命旅途中的相遇──文山區社會局老人院服務」方案參加2010年教育部服務學習創意競賽，榮獲全國高中職組三項特優。嘉英老師點燃了夥伴們的熱情，老師們的用心也為孩子們奠定才德兼備的基石。

　　一位老師寫下：

我真的很高興持續跟著嘉英老師成長，因為這是我前進一個很棒的助力，我也希望有朝一日可以成為他人的這一份助力。教育沒有畛域分界，我相信教育是一片汪洋瀾海，跨校、跨科、跨體制、跨心靈！

## 【心靈小品】

你如何發現道路？
你是否聽到那些未曾聽到的聲音？
你是否發現那些未曾發現的事物？
領導能發現道路。

你如何看待事物的關聯？
你從樹木繁茂裡，看見森林嗎？
當萬物協調合作時，事情便好辦了。
領導者看到了關聯，自然界每一個事物之間，都存在千絲萬縷的聯繫。

你如何看待別人？
你有能力，請記住別人也一樣。
釋放潛能，發揮潛能，獎勵潛能，領導者有發現別人潛能的能力。

你如何看待自己？
到哪去尋找答案？
你是否　把事做對？

你是否　做對的事？

領導者，發掘內在的自己。

一切勇敢的行爲，

都源自內心的力量。

——BrightAge，領導的本質（摘錄）

　　領導者，發現道路，發現關聯，發現他人的能力，發現
自己。嘉英老師就具備了領導者善於發現的心與眼，並嚴以自
期，就算做得再好，仍然嘗試新方向，不斷地帶領老師發現、
突破與創新。

## 延伸思考及討論

1. 教師領導者可以藉由哪些作爲，帶領教師精進教學？
2. 教師領導可能受限於哪些因素？從嘉英老師的故事中，您
看到哪些促成教師領導的正向關鍵力量？

# 【Chapter 12】

# 前瞻的視野
# 溫柔的堅持

【訪談/撰稿：高敏麗】

受訪人：張洸源

職務：育成高中教師兼教務主任

領導組織：教學輔導教師社群/綜合領
域社群/生命教育工作坊

反覆與堅持之後　柔水終成雕刀

——席慕蓉，《水與石的對話》

因為正向，所以我看待問題會比較樂觀。

有耐心很重要，我會不厭煩地等待適合的時機。

克服最大靜摩擦力之後，接下來的滾動就很快。

——育成高中　張洸源老師

# ♡ 牽引教師的熱情、活力與創意

南港重陽路上擁有國際級一流設備的育成高中，是一所洋溢「年輕」、「活力」氛圍的優質高中。2002年由陳必讀校長創校，2003年楊萬賀校長接任，以「孕育化成」的信念，期勉薰陶出五育並進的學子。楊校長「授權」、「支持」的領導風格，培養出充滿熱忱、理想、幹勁與創意的行政與教學團隊。

正向樂觀、細膩用心的張洸源主任，先後擔任過育成高中的教學組長、圖書館主任，以及五年的教務主任。他貼近師生的心，凝聚出超級棒的教師團隊，教師們教學認真且態度親切，經常嘗試將課本上的知識，轉化成為多元、活潑、有趣的創意教學，期待讓青春學子們在快樂的情境中，體會學習的樂趣。

洸源主任描述育成高中的教師文化：

我們學校的老師點子很多，只要有人在前面帶出方向，很多東西就會一直出來了。現在每學期不用教務處要求老師辦活動，領域老師自己就會提說：「主任，行事曆幫我們留一週，我們叫作文學週。」

「我們這週叫作社會週，我們來辦社會知識大競賽。」從早期的倡導，帶著老師們走，如今活力與熱忱源源不絕地出來，我們只要問：「我們可以幫忙什麼？有什麼困難我可以幫忙處理？」

凝聚很重要；凝聚起來就有無窮的動力，教育就有無限的希望！

與校內教師學習社群進行討論交流

## ♡ 前瞻學校發展需求　務實扎根

　　行政工作中經常得承辦許多大型的活動，但是洸源主任覺察到有些活動如同放煙火般，只是燦爛一時的過眼雲煙，而有意義的教育投入，必須要多做扎根的工作。

　　什麼才是扎根的呢？洸源主任不斷地深思，加上多方聽取老師們的需求，考量到班級經營、學生輔導、教學能力的提升才是扎根的，或許看不到亮麗的煙火，但是可以耕耘得更深、更久。他用這樣的論點，嘗試去說服、打動老師們，從教學導師制度開始，持續推動教師專業成長。他說：「根扎得愈深，這個學校就愈好！」

　　育成高中是一所年輕的學校，年輕且年資相近的老師居多，剛推動「教學導師」制度的時候，老師們對「導師」一詞有很大的疑惑，質疑誰要被輔導？誰要輔導別人？

　　關心學校發展的洸源主任覺察到在班級經營、學生輔導方面，的確需要經驗豐富的老師來帶領。然而，學校中比較資深

的老師，往往希望跟年輕人打成一片，融入在一起，所以他們總是低調而客氣。

洸源主任回溯當時：

> 我考量到即使是新學校，也慢慢會走入中生代，然後會需要豐厚的實力，那個實力是扎實的東西。年紀輕或是資淺的老師有很好的活力，但是比較扎實的教學與輔導經驗還是需要前輩帶領。
>
> 所以那時候我逐一去尋找，先醞釀安排科領域中的領頭羊，有點兒像是小團體leader老師。我就跟他們談一些我的構想，跟每一個學科老師談，跟每一個團隊談，跟每個次團體談。我也表達我們在辦理教學輔導制度時，一對一的這種方式只是其中一部分環節，我希望把它演變成、延伸成一個團隊的方式。所以，我們發展出的教學導師制度，有科推派的基礎，有程序的基礎，然後也有校內一些代表性團體的基礎。

在洸源主任耐心地說服與誠摯邀請下，號召了一群不但有意願，同時也是各科中大家公認具備專業、關懷、助人特質的老師去受訓。

第一年受訓的老師回校後推動了一些事情，得到大家的認同與肯定，所以，育成高中的「教學導師制度」才有辦法持續走下去。洸源主任將成果歸功於團隊，他強調：「沒有團隊的支持，單靠我個人是沒辦法的。」

團隊運作的主軸是由大家討論出來的。團隊的老師先去各科中試一下水溫，用非正式的人際關係連結、自由參與分享的方式，和老師們談談這學期最關切的主題，把大家的意見蒐集

好之後，再研商定出發展主軸，規劃出活潑性的活動。

洸源主任誠懇的分享他的做法：

「有耐心」很重要！我會不厭其煩地等待適合的時機。

洸源主任還分享幾項團隊運作的重要原則：

在活動前必須先擬訂目標，避免失焦。我不希望讓老師
覺得辦教學導師制度純粹是熱鬧有餘、深度不足。

除了有活動的前置規劃之外，我們還有隱性的一對一方
式，並且從配課、座位都先安排好，然後拜託教學導師
從熟悉班級經營、瞭解學校文化先著手。

我拜託老師儘量用不著痕跡的方式，從純粹關心著手，
然後再慢慢的切入。

育成高中教師團隊的特色就在於，沒有被一個很正式的形
態套住，但團隊是一直存在的，辦任何一場活動，大家就會透
過團隊去邀，一個邀一個，受邀的老師們也可以去邀其他人。
所以，每一次辦活動下來，大家聚在一起都不會覺得很拘束。

從前瞻的視野、細膩的投入中，洸源主任凝聚出育成高中
飽含活力穩健發展的教師團隊，一如他所言：

找到一群願意的人，可以一起做出很特別的事情！我們
去年那個教學輔導團隊叫「一級棒團隊」，後面就會有
「超級棒團隊」。就這樣，一個團隊接著一個團隊，一
個團隊接著一個團隊，一直一直一直往前進，後續的影
響是無窮大的。

教師團隊同心協力共享歡樂

## ♡ 建構自主、尊重、互為主體的對話環境

學校裡的同事是這樣形容洸源主任的：

除了親和、年輕、活力、有理想之外，其實大家也感受
得到，在很多地方，洸源主任非常堅定自己的目標，有
非常堅持執著的部分，只是他的姿態很柔軟，會用很多
的方法將老師帶進來。

洸源主任是育成高中的創校元老，跟著這麼一所年輕的學
校共同成長，體驗摸索、探索的歷程，所以，同仁們的狀況他
很清楚，各學科的特質也能夠掌握得很清晰。

洸源主任會應用一些正式或非正式的方式去作溝通，去作
教學領導。

他特別強調：

很重要的是要從老師們關心的地方著手。以「數學領
域」為例，我會找幾個老師，一起針對學生學習過程中
數學概念有問題的地方去切入，然後引進一些資源。不

同科去做不同的教學領導，不斷的從瞭解各科的需求、老師們的特質，然後去做多元的溝通。

他開心的談到自己享受與珍惜這種互動過程，他說：

真是難得的緣分，讓我能夠在這一個工作環境裡，跟一百多位老師們、兩千多個學生們有這麼好的一個互動，連聊天都覺得是一種樂趣，都是一種享受！我覺得愈做愈開心，因爲得到很多的支持和回饋。而日益出現的成果，讓自己更想要做一些事情，有更多的目標會一直跑出來。

克服了最大靜摩擦力之後，接下來的滾動就很快。

笑容如陽光般燦爛的洸源主任，在凡事以身作則、處處體諒他人、展現穩定情緒的柔性領導中，成爲熱忱的激發者、學校願景的引航者、資源意見的整合者。

老師們有問題和狀況時，都願意跟洸源主任談。洸源主任除了得到老師們的信任外，最重要的是他會盡力去解決問題。

大家認同洸源主任處世的風格、做事的方法，或是對一些理想的堅持，慢慢的就會有很多志同道合的人愈靠愈近，這種情況讓洸源主任覺得很開心。

洸源主任提到也曾經有過一些老師剛開始不太認同，認同之後，就積極加入行動行列。以「教學導師」制度的推動爲例，起初有老師質疑：怎麼可能會有人閒著沒事做去幫助別人？後來這位老師仔細閱讀制度的方案，瞭解制度的特色，斟酌制度的精神，進而點頭認可，願意加入。

洸源主任強調他非常珍惜這樣的歷程，因爲：

這位老師很了不起的是他修正自己的態度，他有省察的能力，他會懷疑，但是他也願意去瞭解、調整與改變。

洸源主任肯定這位老師，也很肯定教學導師團隊，因為他們做了這麼多事得到大家認同。他欣慰的表示：

努力以赴中體會出的，是一種「家」的感覺！

洸源主任還分享行政工作居於校長與老師中間，扮演橋梁的角色，必須讓老師們瞭解校長的想法，認同校長治校的願景；但是也得讓校長瞭解老師們的需要，因為有時候校長公務比較忙，常在外開會，還要召開校內各種會議，沒辦法常常參加各科教學研究會，可是有些東西還是要讓他知道。

當談及他是否曾經說服過校長，或者試著去改變校長的行政作為時，他說：

每個領導者都有自己的風格。我跟校長的互動模式是，我會把我知道的各種資訊整理給校長知道，也會把我自己想要帶動的一些方式融入在報告中，並分析這樣做有什麼好處，或者會產生什麼問題。畢竟校長要為這個學校的成敗負責任，所以掌握充分的訊息，他才能做更好的決定，我再依照他的決定，轉化成老師們能夠接受的方式。

洸源主任表達心中滿溢的感恩：

感謝校長，因為校長給了很大的空間讓我發揮。像是在教學這一塊，校長就充分的信任與授權。
感謝局裡面有很多的長官，無論是中教科或是其他的單位局處室，給予很多支持與提攜。

　　他珍視老師和學生給予的寶貴助力，他得到老師們的支持，大家的參與度讓他的責任感、行動力愈來愈強。

　　他堅定地說：

　　因為感恩的關係，我會盡力去做！

貼近師生的心，適時加油打氣

## ♡ 溫柔的堅持　繞個彎再走

　　洸源主任形容自己擁有「正向、樂觀、被信任」的特質：

　　因為正向，所以我看待問題會比較樂觀。反正最差就是在原點嘛，只要往前進一步就是進步了。

　　我在人際與溝通上，已經建立了相當的基礎，所以跟老師們談事情的時候，即使是嚴肅的事情，我們可以嚴肅的談，也可以輕鬆的談。

　　我覺得我會讓人家放心。行政工作其實很辛苦、很繁瑣，在討論事情時也會有跟老師們意見不一致的時候，

難免會灰心、沮喪，這時總會有同仁貼心的來幫我打打氣，而這位同仁或許平常不是我很熟絡的，可是這種感覺更特別，就是表示我做事的態度，獲得同事的認同與支持。

洸源主任也談及自己深受建國中學陳偉泓校長、中正高中簡菲莉校長的影響。他特別欣賞偉泓校長的一個理念：在教育理想的推動中採取「溫柔的堅持」。堅持一些理念、一些想法，但是溝通的態度必須是很柔軟的。洸源主任誠懇的表示：

我們有什麼新的想法要跟老師們分享、想聽聽老師們的意見的時候，管道必定要是暢通的。

我用堅定的姿態告訴夥伴們，這件事情很重要，要推動，但是我們可以去找出你能接受、我也能接受的方式。

以「教師專業發展與評鑑」為例，他在育成高中先發展出一套教學相長計畫，那套計畫是得到老師們的信任，是全校共同參與的，而後才去把這套方式改成是教師專業發展與評鑑的模式。

洸源主任推崇教學輔導教師制度的可貴即在於重視「人與人要相互信任」的特色，讓教學導師與夥伴教師有一種交到一個個好朋友的感覺。所以，他警惕自己切忌急躁，提醒自己要跳脫「解決問題優先」的思維。

秉持著真誠的溝通、耐心的等待、「繞個彎再走」的緩衝智慧，育成高中的老師們跟洸源主任充分建立了信任、真誠，相濡以沫的溫馨情誼，有困難的時候都願意講出來，不擔心也不害怕。

在推動99課綱與推動課程專業發展的時候，其實有很大的阻力。洸源主任表示，因為那是一個新的制度，老師有些不熟悉的事情。在課程發展委員會上，大家可能為了時數、為了課程而吵得面紅耳赤。每一個人都很堅持，因為高中分科分得很明顯，公民、歷史、數學又分得很細，於是大家的意見紛歧，此時他們就會要求：「主任，你說話呀！」

深知當下無論做任何決定，都會引起一方的不快，所以，洸源主任採用的方式是：拐個彎再走，繞個彎走。他不會急著馬上做決定，而是嘗試在非正式的管道上去聽聽老師們的想法，然後去澄清誤會。多聆聽、多溝通、多澄清，即使沒辦法讓所有老師都滿意，但至少讓他們知道做這個決定的背後思考了哪些因素。他希望老師們能夠理解為什麼要做這樣的決定，或者是理解其他的團隊為什麼會提出不同的看法。

> 為了讓老師們能夠理解別人或是我的角度，我會不厭其煩的跟老師說明我的思考點，即使講一次、兩次、三次，我都可以，我都願意講。
> 學校中多多少少會存在著阻力，有個人主義的也沒關係，就慢慢談嘛！因為只要比現在進一步就是好現象，最差也不過是在原點而已啊！

那一段時間的瓶頸順利突破之後，育成高中走得更穩健了。洸源主任也常常跟友校及教務主任們分享行政的運作模式。

一路走來，洸源主任認為到目前為止還可以勝任的原因是：

> 要讓自己從挫折中走出來，就要把自己的姿態放下來。

有的時候很多挫折無力是因爲我的位子不對，角度不對，從他人的角度來講，或許我們才是很自我。

學著把自己的心情、姿態放下來的時候，就比較能夠理解對方反對的原因，自己也能夠靜下心來沉澱、省思，然後再去找人家聊聊，找學生談談，找老師們討論，思維就更清明、視野也更開闊了。

## ♡ 樂在工作　積極成長

持續不斷的精進成長，引注了教育能量的活水。洸源主任談到自己的充電來自於研習、上課，來自於請教，還來自於學生。

從多元面向考量推動教師專業與課程發展的需求，他參與教師專業發展評鑑的初階、進階培訓課程，接受高中課程發展的培訓，參加優質化教師專業學習社群（PLC）培訓。修習第二專長與實施生命教育課程，是高中教師未來必須因應的趨勢。洸源主任自費報名臺灣大學的生命教育師資培訓學分班，在極爲忙碌的行政與教學工作中，連續兩年安排週六去臺大進修。讓人感動的是他談到個人的成長時，所傳達的那份用心：

除了考量以後高中課程會增加這一門課之外，我也是示範給老師們看的。因爲是新增科目，校內沒有這樣的師資，我曾經透過各種方式邀請，但是大家考量到時間，考量到需自費，就猶豫了。我就想那我來做給大家看，我先下去試試看。

更重要的是，我覺得教學回歸到根本是生命的交流，以生命影響生命。身爲老師，站在臺上要講很多學科上的

知識，但是如果我沒辦法跟學生的生命有交流時，其實
都是很淺層的：如果今天我有辦法跟學生的生命相互呼
應、相互影響，那麼我的一舉一動都是教學。

　　洸源主任還特別強調他的充電很多是來自於學生，好多真
正的學習、真正的力量，都是從學生身上得到的。洸源主任常
跟學生談天，例如考完試後，他會找在學習上有困難或是適應
不良的學生聊聊，談他們的問題到底在哪裡。就在教務處旁的
小房間裡，大家一邊吃午餐一邊聊，貼近學生的感受，瞭解學
生的需求。所以，學生跟洸源主任很親近，即使沒有上他們的
課，沒有很多接觸，可是走在校園裡總是會聽到學生不斷的向
洸源主任問候道好，他說這是他最開心不過的！

　　洸源主任經常向教育界的許多前輩們請益，也嘗試引領老
師們走出校園拓展視野。他分享著：

　　除了校內的各類專業成長活動外，我帶著老師們到處去
看，運用共同領域時間，邀請老師們到鄰近的學校去交
流、取經。比如與中山女中國文科老師們交流，到南湖
高中實地參訪。我覺得繼續提升老師們的專業發展和我
自己的專業發展，是很重要的，因為我相信每個學校的
老師都有他們很認真、很棒的那一部分，我們要向他們
學習。

　　2010年度育成高中以「小綠橘的奇幻旅程」得到教育部的
教學卓越獎金質獎，除了重視教師素質的提升外，更加強學生
創意的發想，併同引入地方特色，將在地資源融入教學，發展
屬於學校及社區特色的課程與教學。這其實也是源自於他們去
跟中山女中取經。中山女中得過很多次金質獎，育成的老師們

覺得想要跟他們效法、學習，回來就慢慢的運作了一些東西，逐步凝聚出巨大的教學研發能量。

　　榮獲教學卓越獎後，洸源主任和團隊老師們先後至臺北市及臺灣各地，與各校老師們分享他們寶貴的經驗。談到這一群熱情的教師，洸源主任散發出自信的光采，豪氣地笑著說：

> 老師們像滾雪球般持續精進，日益累積出更大的能量，連每一場分享會都視作寶貴的學習機會。因為分享之後，看到研習會中很多認真的老師，更刺激了我們進一步討論還可以做什麼，可說是場場豐收！

　　洸源主任表示自己的理想其實很單純：

> 我希望我們的每一個團隊、每一位老師，都能夠很愉快的工作，以自己的工作、以自己的學校、以自己的學生為榮，然後把我們的經驗分享出去，讓每個人的專業不斷的提升。這是我的期待、我的理想！

代表港澳臺華人教師在研討會中致詞

## ♡ 共創價值樂傳承

創校至今，洗源主任還有許多的理想不斷湧現。他認為目前最重要的工作就是提升老師們對這個學校的認同感，一定要大家先產生凝聚力，才能影響學生認同學校、認同他自己。不可否認的，目前高中依舊有排名的迷思，可是每個學校都有特色，所以應該要先認同自己學校的優點和特色。如何讓老師們認同自己的學校？他提出自己的想法：

第一、彰顯學校特色與價值：在教學上、工作上，讓大家覺得那個價值是彰顯出來的，然後教學是愉快的，大家能夠認同自己的學校、認同自己的工作。

第二、營造愉快的工作氣氛：氣氛很重要，雖然我們很重視制度和規定，可是那都是後面的東西。良好的氣氛可以藉由教學輔導教師的機制去運作，多年來，那個運作模式是一直存在的，就像今年辦了幾場蚊子電影院，看完電影聊天吃飯，在愉快自在的氛圍中，大家更能夠交心、深談。

第三、傳承與凝聚：讓教學輔導老師慢慢退居幕後，變成是一種軟性的、隱性的影響，讓新的老師往前，在互換、交替中，將有一批又一批更多的力量出來。如果每個團體都提升，學校就提升了。而且換不同的人、不同角色來帶團隊的時候，就會有不同的味道出現，這是好事。

考前邀請高三師生至龍山寺祈福

榮獲2010年教育部教學卓越獎金質獎

　　洸源主任覺得很開心的是有一群很好的團隊在支持他，包含在行政位子上的或是不在行政位子上的江湖好友。然後，他希望能把自己的工作做得更好！

　　他再三強調：

要有清晰而堅定的信念，要給老師、給團隊支持，讓大家在工作上是愉快的，並且要得到他們的信任，認同自己在做的事情。有了這幾點，我們的努力和價值才是存在的。

## 【心靈小品】

陳朝益先生（研華科技總經理及普思（Pulse）科技全球行銷副總裁）提出「六度新領導力」：廣度，高度，深度，速度，角度，溫度。

前三個大家耳熟能詳，後三個則是：速度要能慢下來，要從不同的角度看問題，要有溫度來帶動人心。

在洸源主任的教學領導中，我們可以強烈感受出「廣度，高度，深度」是他始終堅定的信念與方向。

在教師領導的歷程中，他耐心尋求大家能夠接受的方式，從多元角度探索掌握不同團體的關注焦點與運作模式，例如：國文科老師關切的閱讀、寫作；數學科老師重視的邏輯、計算、解題能力。他牽引、促動、凝聚老師們一起針對學生學習的關鍵環節切入探討，並且設法引進資源，提升學生的學習成效，建立學校的特色與價值。

洸源主任「用溫度帶動人心，以真誠點燃熱情」，如水般柔韌，以迴環細密地滲透，以靈動不撓地奔流，在教育的長河中，匯聚教師們的智慧與力量，從滴水、細流而成潺湲的活泉、磅礡的汪洋。

## 延伸思考及討論

1. 學校內有關教學研究的相關會議，或是教學輔導與教師專業社群的運作，可能會有哪些「淺層」、「形式化」的現象？洸源主任如何引領教師專業朝深度發展？面對教師可能產生的質疑，他如何找到正向的力量？

2. 分析與掌握學校組織的背景，尋找關鍵著力點，是教師領導者的要務。請談談洸源主任是怎麼想的？怎麼努力的？並請檢視自己學校的特質，試著找出優勢點與大家分享。

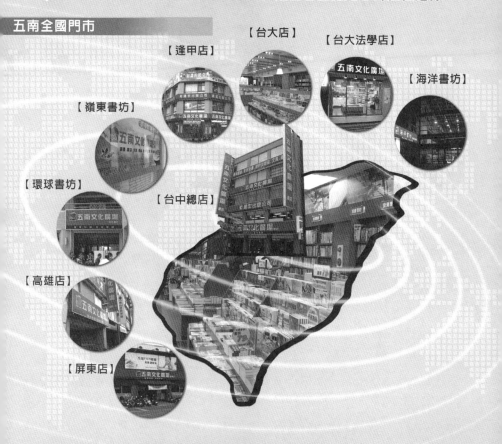

國家圖書館出版品預行編目資料

喚醒沉睡的巨人：教師領導故事集／張德銳等
著.--初版--.--臺北市：五南, 2012.08
　　面；　公分.

ISBN 978-957-11-6717-6（平裝附光碟）

1.教學輔導 2.領導 3.教育改革

523.5　　　　　　　　　　101011378

1IWP

# 喚醒沉睡的巨人：
# 教師領導故事集

主　　　編 ― 張德銳(220)　高敏麗

作　　者 ― 張德銳　高敏麗　張素偵　胡慧宜　李建民
　　　　　　高紅瑛　徐麗慧　蔡宜宏

發 行 人 ― 楊榮川

總 編 輯 ― 王翠華

主　　　編 ― 陳念祖

責任編輯 ― 劉芸蓁　李敏華

封面設計 ― 杜柏宏

出 版 者 ― 五南圖書出版股份有限公司

地　　址：106台北市大安區和平東路二段339號4樓

電　　話：(02)2705-5066　傳　　真：(02)2706-6100

網　　址：http://www.wunan.com.tw

電子郵件：wunan@wunan.com.tw

劃撥帳號：01068953

戶　　名：五南圖書出版股份有限公司

台中市駐區辦公室/台中市中區中山路6號

電　　話：(04)2223-0891　傳　　真：(04)2223-3549

高雄市駐區辦公室/高雄市新興區中山一路290號

電　　話：(07)2358-702　傳　　真：(07)2350-236

法律顧問　元貞聯合法律事務所　張澤平律師

出版日期　2012年 8 月初版一刷

定　　價　新臺幣380元